実子誘拐

「子供の連れ去り問題」
日本は世界から拉致大国と呼ばれている

はすみとしこ 編著

ワニ・プラス

※本書はＤＶ被害者を救う為につくられたシステムを悪用した「虚偽ＤＶ」「子供の連れ去り問題」の存在と、その手口を紹介する本です。決して本物のＤＶ被害者を貶めるものではありません。

※本書の漫画は、実際の事例に基づいてつくられたフィクションです。登場する人物名や団体名は架空であり、実際の人物や団体などとは関係がありません。

※用字用語はそれぞれの寄稿者の意図を尊重し、あえて統一しておりません。

はじめに

弁護士 上野晃

夫婦の不和をきっかけに、一方の親が他方の親に無断で子供を連れて行方をくらます、あるいは、実家に帰って連絡を遮断する、そうした事態が日本でたくさん起きています。これは現在、親による「子供の連れ去り」問題という大きな社会問題になっています。残された親は突然の出来事に狼狽します。しかし警察に助けを求めても、裁判所に訴え出ても、助けてはくれません。弁護士に相談しても「諦めてください」と冷たく突き放されるだけです。こうした現状に、多くの親が苦しんでいます。中には自殺する人もいます。

「イクメン」という言葉が定着した今日、多くの男性が子育てに積極的に参加するようになりました。こうした男性にとって、子供との突然の離別は耐え難い苦しみでしょう。忘れられがちですが、苦しんでいるのは男性ばかりではありません。女性であっても、先に男性の配偶者が子供を連れ去れば、同様の苦しみを味わいます。そして、これは明らかに「人権問題」なのです。残された親の人権を侵害するだけではありません。重要なのは、引き離された子供が、親からの愛情を受ける機会を失うという事実です。お父さんお母さん両方から愛情を受けることは、子供自身の成長にとって、自己の人格の確立にとって、極めて重要なことで、国際的にも「子供の権利」とされています。その機会を、不条理に奪われてよいのでしょうか。

国際結婚、国際離婚も増えた今日、子供の連れ去り問題について、日本は世界中から厳しい目を向けられています。既に海外メディアは、この問題を大きく取り上げています。この本の執筆中にフランスのマクロン大統領までこの日本の親による「子供の連れ去り問題」に不快感を表しました。にも関わらず、日本人の多くがこの問題の深刻さを理解していません。それどころか、その存在さえも知らない人が沢山います。不思議なことに、日本のメディアはこの問題を大きく取り上げません。国会でも、救済法の議論がずっと足踏みしています。こうした状況に、子供と会えない多くの親が不安と不満を募らせています。この問題が抜本的な解決に向かわない理由の一つに、DV(ドメスティックバイオレンス=家庭内暴力)の問題があります。つまり、一方の親による「子供の連れ去り」を禁ずれば、DV被害者が子供を連れて加害者から逃げることができなくなってしまうではないか、という反対意見があるのです。確かにDVに苦しむ方も多くいます。そうした方々を強力に救済する必要はあります。しかし、一方で、「子供の連れ去り」問題の多くのケースにおいて、「虚偽DV申告」という事態が発生しているのもまた事実です。自らの子供の連れ去りの正当化のため、DV被害者であると嘘の申告をするのです。こうした場合、連れ去られた親は、いわば虚偽DV被害者という立場に追いやられます。DV被害者の救済と同時に、「虚偽DV被害者」もまた救済されるべきなのです。どちらか一方に偏ることなく、どちらも救済しうるよう、国は勇気と知恵を絞って対策を講じるべきです。それこそが、最大の被害者となる子供の救済に資する唯一の道です。

本書は、現代日本社会に深刻な影を落とす子供の連れ去り問題を赤裸々に告発し、子供に関わる分野の専門家、法律の専門家などから、この問題に関する事例、解説、そして、それぞれの方々から見た対策を収録しています。ここに出てくるストーリーと同様の出来事が日本全国で日々現実に起こっています。

今日、子育ては男女が協力すべきとの認識が高まっています。3組に1組が離婚をする離婚大国日本。これほどまでに離婚が当たり前となった社会において、離婚後の子育ての「男女共同参画」は強い社会的要請です。にも関わらず、「子供の連れ去り」という蛮行がいまだ横行している事実は看過できません。この事実は、私達が子供を所有物のように扱ってきた証拠なのではないでしょうか。私達は、子供の幸せについて、今一度深く考えてみる必要があると考えます。

この本を手にする方々が、この問題の深刻さを知るきっかけとなり、社会を変える一助となってくださることを願ってやみません。

目次

はじめに　弁護士 上野 晃　3

そうだ誘拐しよう！　はすみとしこ　8

本当に怖い！「連れ去り事件」の舞台裏　40

「子供の連れ去り問題」の背後に蠢《うごめ》くもの　米国カリフォルニア州弁護士 ケント・ギルバート　50

「連れ去り」問題にみる家族破壊の実態　メリーランド大学講師 エドワーズ博美　58

連れ去りから離婚までのプロセス　弁護士 杉山程彦　86

シェルター体験者の声　88

「子供の連れ去り問題」について各省庁に聞いてみた！　94

船井総研「離婚分野を伸ばしたい弁護士必見！ 離婚案件を増やす方法」!!　106

「連れ去り勝ち」解決策の模索　弁護士・弁理士 中野浩和　116

「子供の連れ去り問題」その当事者の心理　臨床心理士 石垣秀之　128

相談者を辞める者です　184
司法の現場からのまなざし　弁護士　古賀礼子　190
串田誠一衆議院議員の国会質問　206
国連人権理事会で「子供の連れ去り問題」を問う　テキサス親父日本事務局長　藤木俊一　220
安倍前首相への提案書　226
日本の皆さん、「EU決議」の内容、ご存知ですか？　フランスの当事者団体代表　ポール・トゥジャー　236
そうだ相談しよう！　はすみとしこ　266
そうだ駆け込みしよう！　はすみとしこ　270
おわりに　はすみとしこ　276
著者・執筆者プロフィール　279

結は2歳の時
誘拐されたの
誰にって?
ママよ
ママに誘拐されたの
そうだ 誘拐しよう!
はすみとしこ

結はあの時2歳だったから
はじめの頃は
よく覚えてないの
でもある日
ママが怖い顔して幼稚園に
迎えに来て…
いつもは夕方くらいに
お迎えなのに
お弁当の時間の後に
すぐに来て…
お婆ちゃんも一緒で
お爺ちゃんの車で
迎えに来てた
それで
車に乗ってママに
「お婆ちゃんち行くの?」
って聞いたら
「そうよ」って
ママは
「これからは
お婆ちゃんちで
暮らすのよ」って
言ったの
結は「え──!」って言ったわ
だってお婆ちゃん怖いんだもの
おせんべい食べてると
「こら!ポロポロこぼして!」
って叩くの
だからお婆ちゃんって嫌い
でもパパがいれば
良いやって思ったわ
パパはね
優しくて泣き虫だけど
いつも結の味方なんだ
結がお婆ちゃんに
怒られてても
横から庇ってくれるの
だから結
パパが大好き

結は
パパとママとで
お婆ちゃんちに
暮らすと
思ってたの
だけど違ったの
パパだけ
いなかったの
ママはパパと
「りこん」したいんだって
それで「しんけん」が欲しいから
結を先に「つれさった」んだって
結 よくわからない
ママも好きだし パパも好きだよ
どうして「りこん」するの?
仲直りしてよ
時々
「めんかいこうりゅう」
とか言って
パパに会えたの
パパはすっごい
泣きそうな
クシャクシャな
顔してたけど
絶対泣かないんだ
って言ってた
泣いたら
エライ先生に
「こうかっとう」とか
言われて
もう結と会えなく
なっちゃう
んだって
だからパパは
絶対泣かないん
だって
結もパパと
会えなくなるの
絶対嫌だから
絶対泣かない!
結がすみれ組になってから
ママはだんだん
ピアノを習いなさいとか
スイミングに通いなさいとか
ならいごとを習わせ始めたの
結のお休みの日は
それでぎゅーぎゅーで
だんだんパパとの
「めんかいこうりゅう」が
出来なくなってきたの
結はならいごとよりも
パパと会いたいのに…

【高葛藤】面会交流時に感情を吐露すると、感情のコントロールが出来ない、正常な判断が出来ない人間と判断され
子の養育に悪影響として、面会交流が打ち切られる場合がある
一般的には、子を巡る親権・養育の問題などで、父母が対立し争う状況を指す

結が「パパに会いたい」って言うと
お婆ちゃんがにがーいお薬を飲んだ時みたいな顔をしてパパの悪口を言い始めるの
「あんな やさおとこ」とか「最初から嫌いだった」とか ママも「そうだそうだ」って…
ママは前はそうじゃなかったのにだんだんお婆ちゃんみたいになってきちゃった
それからママはべんごしさんの言いなりなの
べんごしさんがああしなさいこうしなさいっていう事 全部聞くの
この間 べんごしさんが「やっとりこんがせいりつしましたよ」って言ってるの聞いちゃった「だんなさんが〝こんまけ〟した」って こんまけって何だろう…？
パパは結の事嫌いになっちゃったのかな？
ママはますますべんごしさんの言いなりになって「しえんそち」を受けて「せいかつほご」になって「こうえいじゅうたく」に住むんだって
お引越しする事になってお婆ちゃんはカンカンに怒ってたけど結はお婆ちゃんと暮らさなくてよくなって嬉しかった

ママと「こうえいじゅうたく」に住むようになってから時々男の人が遊びに来るようになってきたの
ママは「新しいパパよ」って言うけれど結のパパはちゃんといるよ
結の事忘れちゃってるかもしれないけど結のパパはあの泣き虫のパパだよ
「新しいパパ」はそれから「こうえいじゅうたく」に住み始めたの
結に「あれ持ってこい!」とか「これしまっとけ!」とかきつく当たって失敗するとゲンコツで殴るの
それから背中を蹴ったりお風呂場に閉じ込めたり……
ママは最初は「やめてやめて」って言ってくれたけど最近は庇ってくれなくなっちゃった
こんな時パパがいてくれたらって思う
きっとパパなら怖いパパ相手でも泣きながら両手広げて庇ってくれる
でももうずっとパパと会ってないよ
パパ…「こんまけ」って何?
パパは結の事嫌いになっちゃったのかな
だから会いに来てくれないのかな…

ある日
新しいパパに
勉強やれって言われて
お勉強してたら
途中からお絵かきに
なっちゃった
それで新しいパパに
グーで顔を殴られたの
ゴッ
それから
柱の角に
頭をぶつけて
新しいパパは
足で結の背中を
いっぱい踏んで
蹴って…
結をベランダに
出したの
ベランダに出されると
いつも寝る頃まで
中に入れてくれなくて
一番嫌いな罰なんだ
結は
ごめんなさい
ごめんなさいって
何度も何度も
謝ったの
そうしたら
奇跡が
起きたの！
パパが迎えに
来てくれたの！
きっとクリスマスに
サンタさんがプレゼント
渡し忘れたのを思い出して
ちょっと遅い
クリスマスプレゼントを
結にくれたんだって思ってる
2階のベランダから
下の道路を見下ろすと
通りにパパがいて
「やっと見つけた！
迎えに来た！」って
言ったの

結は嬉しくて
「パパー!パパー!」
って何度も何度も
叫んだわ
そしたらママが
凄く怖い顔をして
部屋の中から
窓越しに
外を覗き込んで
次の瞬間
サッと
部屋の中に
戻って
どこかに電話
したわ
パパは
「こうえい
じゅうたく」の
外の階段を
かけ上がって
結たちが住んでいる
部屋の前まで
やって来たわ
そして
ドンドンドンと
強い力で
ドアを叩いたの
パパは
ドアの向こう側で
何やら叫んで
いたけど
なんて言っていた
のかわからない
ママや
新しいパパは
絶対ドアを
開けなかったわ
そうこう
しているうちに
遠くからパトカーが
やって来る音が
聞こえて
おまわりさんが2人
バァー!って出てきて
あっという間にパパは
逮捕されちゃったの
ママは
「子どもが
誘拐されるわ!」
って言って
おまわりさんは
「じゅうきょ
ふほうしんにゅう
で逮捕する」って
言ったの
「じゅうきょ
ふほうしん
にゅう」って
結にはよく
わからないけど
「誘拐」なら
どういう意味か
わかるわ
だって結
ずっとずっと
ママに
誘拐されて
たんだもの
今度はパパに
誘拐された
かったな…

ベランダ越しにおまわりさんに連れて行かれるパパを見ていたら
なんだか凄ーく凄ーく悲しくなっちゃって結涙が出てきちゃって
うわんうわん泣いてたら結病気になっちゃったみたい
なんだかお腹が痛くなってきちゃって結その場で何度か吐いちゃった
また怖いパパに怒られると思ったら
気持ちが悪いのもママに言えなくて…
結が覚えてるのはそこまで
結…
前のパパの方が良かった…
船田結
虐待による急性硬膜下血腫により死亡 享年5歳

国会
えー…
女性の人権を守る為年間8兆円の男女共同参画費用から
DV対策費用として年間1300億円を投じます!
市役所
…って予算付けてもらってもねえ~
DV対策って言われても何やって良いかわからないのが正直なところです
それに私はただの非正規ですしね
DV相談
だからねそういう女性の人権に関わる事は「専門家の先生」に全てお願いしているんですよ
ええそうです人権派弁護士の先生方とか後はジェンダーフリーNPOの方たちなんかですね
はいいつもお世話になっております人権擁護の勉強会の講師に来て下さったり…

あと こういう DV相談の カード なんかですね こういうのを 提供して 下さったり…
配偶者や交際相手のことを怖いと感じていませんか？
ひとりで悩まずに相談してください
ええ ウチの市役所の 女子トイレにも 置いてありますよ
え？ 男子トイレ にはって？ ははは ご冗談を
DV被害に 遭われてる方は 女性と決まっています 男性は支配者 女性はその被害者 なんですから！
オホホ…
ええ DV被害者さんは この市役所の窓口に 助けを求めに やって来ます
は？ 警察には 行かないのか って？
それは被害者の 方によって ケースバイ ケースでしょう
相談
でも市役所の窓口は ジェンダーフリーNPO さんや 女性用シェルター さんとも 連携してますからね
警察に行く よりかは 世話なし ですよ
ええ私たち窓口の者が 被害を聞き取りしまして 「これはDVだな」と 判断したものは この書類にちょんと チェックを入れて それでお終いです 後はジェンダーフリー NPOさんや 女性用シェルターさん 場合によっては 人権派弁護士さん ですね そちらにお任せです
住民基本台帳事務における支援措置申出書
後日旦那さんが 行方を捜しに来ても 市役所はDV加害者に 情報開示する事は ありません お子さんの 幼稚園や学校 警察署の方にも 情報提供させて 頂いてますので DV被害者さん の所在は 絶対にわからない ようになって おります
トン

ジェンダーフリーNPO
ええ! いつも市役所さんには勉強会の講師に呼んで下さったりアドバイザーに置いて頂いたりと何かと連携させてもらっております
ええ勿論 収入の源泉は国からのDV対策費用… つまり皆さんの税金です
ホホ…
私たちは女性の人権の為に働いているのです 女性はあらゆる場面で性差別に遭っています
結婚とはセックス契約なのです! 私たちはそれを許す事は出来ません
私たちは「婚姻」という枠組みから全ての女性を開放します
女性の奴隷を前提とする家族制度など破壊されるべきなのです
人類は皆平等に横一列にならなければなりません
子づくりはポリアモリーで良いじゃないですか
そして子どもは国が養育すればよろしい!
※ポリアモリー 複数の異性と合意の上で性的関係を持つ概念
公共施設や病院でこのカードをご覧になった貴女すぐさまジェンダーフリーNPOにご連絡ください
北海道
配偶者や交際相手のこと怖いと感じていませんか
ひとりで悩まずに相談してください
腕利きの弁護士と女性用シェルターを紹介をさせて頂きますよ

女性用シェルター
ええ 市役所の方と あとジェンダーフリー NPOさんと連携して DV被害に遭われた方を 保護しています
被害者の方は ひと月おきに 別のシェルターへ 移動して いきますね 今ちょっと 入居者が少なくて やりくりが 苦しいのが 正直なところです
え？ シェルターの 収入源は 何処からですか？
シェルターは 寄付金と 男女共同参画 費用で 成り立って います
ええまぁ 元はほとんど 皆さんの 税金ですね
入居者 一人につき幾ら というふうに 費用が下りる ものですから 常に稼働率を 上げないと 経営が成り立ち ません
その点ウチは ジェンダーフリー NPOさんが いつも被害者さんを 紹介して下さるので とても助かっています
え？ 個室に鍵が かかってるのは 何故か ですって？
ああそれは 色んな人が 入居してます から 一応安全上です
お願いです！ ここから出して ください！
子どもを返して 下さい もう夫の元へ 帰して下さい！
ジョンソンさん お薬を 飲みましょうね
子どもを返して！

はいはい これを 飲んでから 今タクシーを 呼びますからね
ゴクゴク
ホラね ああいうちょっと「気の触れた」人も 保護してますので 施錠が必要なんですよ
あー そうだった ……
私 夫にDVされていたんだったわ ……
六ヶ月になる子どもの夜泣きが気になって 市でやっている育児相談に行ったんです
郁子・ジョンソンさんの場合
そうしたら 夫婦仲が夜泣きに影響してるって言われて…
確かに私は国際結婚で 他所の夫婦よりかは それは多少難は ありますけれども
でも 夫婦仲はそんなに 悪くはないと思って いたんです
でもジェンダーフリーNPOの人がやって来て 「貴女はDVされている」って
夫の小言が多いのは モラハラ 小遣いが少ないのは 経済的DVだって 直接的DVに発展するのは時間の問題
今すぐ 逃げないと 危険だって 言われて…

それで私だんだんそんな気がしてきてNPOの人に言われるがまま家に戻って身の回りのものをまとめて夫に何も言わずにこのシェルターに逃げてきたんです
ええ六ヶ月の息子も一緒に連れてきました最初は六ヶ月の赤ちゃんを知らない環境に連れて行くのを躊躇したのですが…
一緒に荷物をまとめに来てた弁護士さん…いつからか途中から弁護士さんも来ててその弁護士さんに母子手帳や子どもの衣類も一緒に持っていくように言われて…
「え？子どもも連れて行くんですか？」って聞いたら
弁護士さん「ここで置いて行くと育児放棄と見なされ相手に親権を奪われますよ！」ってきつく言われて…
ああそうかなぁって納得してしまって子どもも連れてここへやって来ました
はい？ で子どもは何処かって？
それが…わからないんです
私ここへ来てから急にとんでもない事をしでかしたんじゃないかって怖ろしくなってしまって
シェルターの職員の方に家に帰りたいって言ったんですそうしたらすぐに弁護士さんが飛んで来て一所懸命私を叱るんですそれでも私「帰りたい」って言って帰ろうとしたら女医さんがやって来て
私に小さな注射をしました
それから何粒か薬を飲まされました
私は瞼を開けていられないほどの眠気に襲われてそのまま眠ってしまいましたその後の事はよく覚えていませんとにかく一日三度薬を飲まされました

そしたらだんだんだるくなってきて考えがおぼつかなくなってきて…
育児もままならなくなってきました
そうしたら…
私の赤ちゃんがいなくなってしまったんです！
ガタッ
ジョンソンさん
お子さんは児童相談所で預かって貰っていますからね
あなたが〝元気〟になって無事離婚が成立し親権が取れたらあなたの元へ帰って来ますよ
さぁさ！あなたは「DV被害者」です これから家庭裁判所に行きましょう
あー私はDV被害者だったわ あはは…
家庭裁判所
ザサッ

イクコ！
！あなた
キャー！！
人が刺されたぞ！
ほほほ…
あなた お食事よ……
新聞は しまって 下さ…い… な……
チッ！
せっかくの金づるが死んでしまった！
！
ああ！死んだのが歩美だったら良かったのに！
!?

井上和幸さんの場合
妻の歩美が浮気してましてそれが露呈する事になり
私の叱責を恐れた妻が離婚弁護士に相談したんです
どうやらコンビニで怪しげなカードを手に入れたみたいでそれで知ったようです
弁護士の入れ知恵により妻は虚偽のDVを主張しまして私の居ぬ間に息子を連れてどこかへ消えてしまったんです
ええ私はそんな事知りませんから方々探し回りましたよ
しかし私には「DV加害者」のレッテルが貼られていたので…
警察も息子の幼稚園も市役所もどこも行方を教えてはくれませんでした
そうこうしてるうちにパヨ法務事務所の井藤とかいう弁護士から電話がかかって来まして…
離婚届にサインしろと言うのです
なんだって!?

もちろん断りましたよ！
そうしたら「調停ですね」と
それから弁護士は婚姻費と養育費合わせて月々30万円を支払えと言うんです
まるで身代金誘拐ですよ！
断ったら私の職場である経産省に「DVの事情」を話して給料を差し押さえると脅すのです
酷いでしょう⁉
私は無実なのに！
私は仕方なく毎月「身代金」を支払っています
家のローンを払いながら月々30万円の出費は正直キツイです
自分の弁護士費用も現時点で500万円つぎ込んでいます
極貧生活ですよ……
更にですよ！
ただ自分の息子と会うだけなのにGピックという機関で1時間1万円も支払って子どもと面会をするんです
そこは留置場の面会室みたいな場所で
マジックミラー越しに弁護士やら何やらにジロジロ観察されて本当に酷い環境です
本当は息子にやっと会えて嬉しいやら情けないやら泣きたい気分なのですが少しでも泣くと高葛藤と言われ面会交流が出来なくなります

最初は息子は私に会いたがっていましたが…
だんだん妻に私の悪口を吹き込まれているのか息子は私に会いたがらなくなりました
最後には「息子が嫌がっている」という理由で面会交流は打ち切られました
私は息子に会えず辛くて…
その頃は妻は実家で暮らしている事が分かってきましたから
妻の実家へ息子に会いに行ったんです
すると警察がやって来て私を不法侵入罪で逮捕したのです！
POLICE
妻は「子どもが誘拐される！」と叫びました
先に子どもを誘拐したのはどっちなのか！
最初の誘拐はセーフで取り返しの誘拐はアウトとはおかしいじゃないですか！
息子はすっかり洗脳されて冷ややかな目で警察に取り押さえられる私を見ていました
それもこれも歩美の浮気のせいだ！
私は妻が憎い！

私の父と母も
泣いています！
突然孫を奪われて…
孫の成長が
見れなくなった
んです
息子の通ってる学校も
もちろん私たちは知ってますが
学校側は
絶対会わせてくれません
私たちは
入学式も運動会にも
行けません
行ったら通報されます
以前
図工の課題で
息子が祖父母の
絵を描いたらしいと
近所の子から聞きました
私の母は
学校に飛んで行って
「絵だけでいいから
見せて欲しい」と
先生にお願いしました
でもダメでした
母は何も悪い事など
してないのに
まるで危険人物扱いです

私はDVの冤罪を晴らすため調停に応じ裁判までやって
DVの事実がなかった事を証明しました
なのに妻にはなんのおとがめもなく息子は帰ってこないのです
おかしいでしょう!?
それにしてもあの裁判官はおかしい!
裁判官は母性優先の原則やら継続性の原則などと言って親権を妻に渡したんです!
【母性優先の原則】
特段の事情がない限り、母親の監護養育に委ねる事が子の福祉に合致するという考え方
【継続性の原則】
別居夫婦の間の子が、一定期間一方の親と同居し安定した生活を送っている場合、その現状維持が子の福祉にとって利益となるという考え方
私はDVのレッテルを貼られ職場での居場所がなくなり…
それどころか家族を取り戻す事で仕事もままなりません
裁判で勝ってもダメ
政治家に陳情してもあしらわれ
…八方塞がりです
もう何をどうしていいのやら…
自殺でもすればいいのでしょうか…

そりゃあね 母性優先の原則と 継続性の原則に つきますよ フォッフォッフォ ……
子どもは 母親と 暮らすのが 一番です
山吹裁判官
問題なし
問題あり？
ええだって 今まで母親と一緒に 生活してて特に 「問題なかった」 わけでしょ？ そこに監護権を 母親から父親に移して 「何か」あったら 大変です それ見たことかと 司法の責任問題 になりますよ！
それにね ここだけの話 まぁよくある事 なんですが
ククッ…
私はもうすぐ 退官でしてね 三ケ月後には パヨ法務事務所に 再就職が 決まってる んですわ フォッフォッフォ…
だからね 母親側弁護士に 有利な判決を 出すのは まぁ 未来への投資 ってわけなん ですよ
ここだけの 話ですよ フォッフォッフォ ……
私どもは 依頼者様の利益を 最大に考えて おりますわ！
ジェンダーフリー NPOさんや 市役所さん 女性用シェルターさん とも連携しまして 配偶者の暴力や支配に 苦しむ女性の救済を 行っております
パヨ法務事務所 井藤弁護士

ギィッ
普段は法テラスで相談をさせて頂いておりますが
ジェンダーフリーNPOさんや市役所さんから連絡を受ければすぐさま「現場」に駆けつけます
え？離婚をそそのかし子どもの誘拐を教唆してるって？オッホッホ…とーんでもない！私どもは「お子さんの物も〝持ってくると良い〟」と親切心からアドバイスしているだけです
それに！離婚を考えた依頼者様に先ほどのアドバイスをせずに帰し
夫側に先手を打たれて子どもを連れ去られたらどうするんですか？
キッ
目も当てられない！依頼者の不利益になるではありませんか！
それに子どもを取られたら後の交渉が台無しじゃないの
身代金の担保を失う事になるわ
………
コオォォォ…

ホホホホ…
!?
…もう！ぶっちゃけて言うけどこっちも商売なのよ！
資料1-1-3　弁護士数の推移（1950年～2017年）
（人）
40,000
35,000
30,000
25,000
20,000
15,000
10,000
5,000
0
2017年3月31日現在
弁護士数　38,980人
（内女性数　7,179人）
弁護士数
5,827
(6)
38,980
1950 1955 1960 1965 1970 1975 1980 1985 1990 1995
【注】各年３月31日現在。（　）内は内女性数である。
日本弁護士連合会 2017年 報告書より
以前は私もその食えない弁護士の一人だったわ
1999年から行われている司法制度改革のお陰でここ20年で弁護士数が2・5倍に急増し現在弁護士は4万人と言われているわ
そのせいで仕事の無い年収70万円以下の「食えない弁護士」が大勢いるの！2018年で過払い金の取り立てが出来なくなって食えない弁護士は増えていく一方よ！
だけどこの「離婚ビジネス」を生業にしてからは安定収入が得られるようになったの！
私の場合1ケース月々30万円の1割つまり3万円を婚姻費・養育費から「天引き」して頂くのよするとと毎月3万円が「何もしないで」懐に入ってくるってわけ
同じ案件を10件やれば月々30万円100件やれば3000万円よ年収1千万円も夢じゃないわ！
3万円
30万円
毎月
27万円

そうね お堅い職業か 大手企業の管理職 クラスの奥様 特に世間知らずの 専業主婦なんかが 良いカモね
ちょっと吹き込めば コロッと騙されて しまうもの
旦那も「職場に〝DVの事情〟を説明する」と言えば 世間体を気にして すんなり身代金を支払うし
それに拒否しても 実際には差し押さえて こっちは 取りっぱぐれが ないしね
バッ
なによ 他の弁護士だって やってるわ 中には3割も取る 弁護士もいるのよ
私は良心的な方よ
今の時代 弁護士は トラブルを待ってる だけじゃダメ
トラブルは「自分で作る」もの なのよ
過払金請求も そうでしょう?

ゴゴ
え？一家離散でみんな泣いているですって？
知らないわよそんなの
もう古臭い家族制度なんかやめてしまえばいいじゃないの
これからは夫婦別姓や事実婚の時代なんだから
いい？これは全て合法なのよ政治家に陳情しても無駄だからね
ジェンダーフリーNPOが先回りして男女共同参画の担当大臣に「女性の人権を守る」というキャッチフレーズで丸め込んでいるんだから
ゴゴゴ
全て「仕組み」は出来上がっているのよ！
ヌッ
ガッ
キャー！！
やっぱりお前が癌だったんだな！この女狐め！

俺の家族を返せ！
ガッ
何よ！こっちだって生活がかかってんのよ！
ちょっと早く離婚してよ！家の周りウロウロして気持ち悪い！
パパぁお金持ってきた？
親権は俺が貰う！手を離せ！
痛い痛い痛い！
ああー！妻を殺してしまった子どもはどこへ…
あはは…お帰りは何時になるの？
そっちこそ！
施設に入れて養子に出しましょう
今年も予算タップリ出したからみんなハッピーだよね！
これで老後も安泰じゃわいフォッフォッフォ…
児童相談所
びえ〜ん！

毎日業務をこなすので精一杯よ！
あんな優男に娘を取られた悔しい！
一度結婚に失敗してるし今の夫に嫌われたくない……
被害者が来ないと破綻するのよ！
オホホホホ！公金使って国体破壊なんて愉快だわ！

どう？ わかった？ 連れ去り事件の真相
どうして自分が巻き込まれ どうして自分が死んだのか…
うん…
本当は 結の事なんか… 子どもの事なんか なぁんにも考えて いない大人たちが
お金のために 自分が楽する ために
自分の望みのために 誰かからほめられる ために
結を 子どもを 振り回していたんだね…
みんな 「子どもが 子どもが」って 言うけど ちっとも 子どもの事を 考えていない じゃない
私たち子どもは パパとママが りこんして欲しく なかったし 一緒に仲良く 暮らしたかった…
子どもは パパとママが別々に 暮らすのは嫌だし
りこんして子どもが パパとママの家を 行ったり来たり するのも嫌だよ

子どもを利用しないでよ！りこんの道具にしないでよ！お金儲けの道具にしないでよ！「良い人」になる為の道具にしないでよ！もっと子どもの事を見てよ！もっと子どもの事を考えてよ！

あっパパ！

結が死んだ…もう終わりだ…

………

パパはどうなるの？

残念だけど自殺は天国には行けないんだ
……結局パパも自分の事しか考えていなかったんだね
パパ…

…もう
見るべきものは
全て見たね
じゃあ
さぁ行こう
神様が
待ってるよ
結ちゃん
次は何に
生まれ変わり
たい？
んーとね！
んーとね！

パパとママの子ども！
終

本当に怖い！「連れ去り事件」の舞台裏

漫画「そうだ誘拐しよう！」では描き切れなかった連れ去り事件の裏側をご紹介します。

【片親疎外】

一方の親が片方の親を悪しきものとして子供に伝え続ける事で、子供の中に片方の親の悪いイメージを植え付けさせ、引き離しを図る行為。子供は片方の親に接触する際に、怯え反応や身体反応を示す。このような子供の反応は、小児期ばかりではなく、思春期、青年期に至っても再燃する事が多い。それらは学業不振、不登校、引きこもり、自傷行為、非行、抑うつを始めとする精神疾患など、多種多様な症状となって現れる。また、成人になっても小児期にこのような歴史があると、発がん率の上昇、心臓疾患のリスクが高まるなどの悪影響が指摘されている。

参考文献
２０１７年 第58回日本心身医学会総会ならびに学術講演会（札幌）講演
「夫婦不和の子供への影響」中村伸一

【支援措置】

市町村の住民基本台帳事務において、ＤＶ、ストーカー行為、児童虐待の加害者が、住民票の写し等の交付制度を利用して、被害者の住所を検索することを出来なくする制度。行政が片方からの聴取のみで調べる事なく簡単に出してしまう。年間10万件出されていると言われ、連れ去り弁護士がこれを悪用している。この措置が出されると、住所非開示、生活保護、公営住宅優先入居等が行われる。

※米国のいくつかの州では、子供を連れ去った場合、重篤なＤＶがない限り、二週間以内に別居親に会わせないと、誘拐罪で逮捕される。

【保護命令】

配偶者や交際相手からＤＶや脅迫を受けた人が、裁判所に申し立てを行う事で、相手が自分や子供に接近しないように制限する制度。裁判所は、双方から聞き取りをし、基本的に診断書がないと保護命令を出す事は無い。

【支援措置と保護命令の比較と問題点】

次ページ①の表は２０１５年に横浜市が開示請求に応じて出した資料である。これを見ると殆どが却下されずに支援措置が出されていることがわかる。

却下率は０・５％である。相談に行けば殆どの人が支援を受けられるという事である。行政から出される支援措置は、片方の訴えしか聴取せず簡単に出される。全国の支援措置件数は、統計を出していないのでわからない。とある官庁の関係者筋からは、年間10万件は出されているだろうとの情報がある。

次ページ②のグラフは配偶者暴力相談支援セ

	保護命令（裁判所）	支援措置（行政）	考察
申し立て時	**原則、診断書がないと認められない** 申し立てがされると相手方へも訴状を送り、**反論の機会を1回、もしくは数回与えられる**	**診断書がなくても「怖い」と言えば認められる** 戸籍課へ申し立てした時に、相談機関に意見書の照合をする 相談した内容すら戸籍課は確認出来ない **ほぼ100%受理される**	診断書がなく、重篤でないケースがある為、双方から話を聞いて調べれば、**半数以上が却下されると思われる** 役所（戸籍課）は、事務的に処理をする **役所が相談内容すら確認出来ないのは大問題である**
審査者	司法試験に合格した**裁判官（審査官）が審査**する 重篤ではないケースでは、取り下げを勧告し、応じない場合は却下する 却下は稀であるが、**取り下げ、却下は20%**ある	横浜市の場合は、相談員は**臨時採用の嘱託**である 指定大学卒であるとか、指定資格を持っている必要もない **長野県はアルバイト**がやっている	教員は指定の大学卒で、教員試験に合格しないとなれない 学校教育が子どもに与える影響が大きいからである 家族の問題は重要であり、**同等の識者が判断すべきである**

①横浜市のDV等支援措置に関する件数

①支援措置件数（H28.12.15現在）	②却下した件数	③意見照会先件数（①の内数）		
		警察	こども家庭支援課	その他
1515	8(0.5%)	186(12.3%)	1199(79.1%)	130(8.6%)

＊平成27年12月16日から平成28年12月15日までに横浜市内の区役所窓口で受付した件数

②配偶者暴力相談支援センター数および相談件数の推移

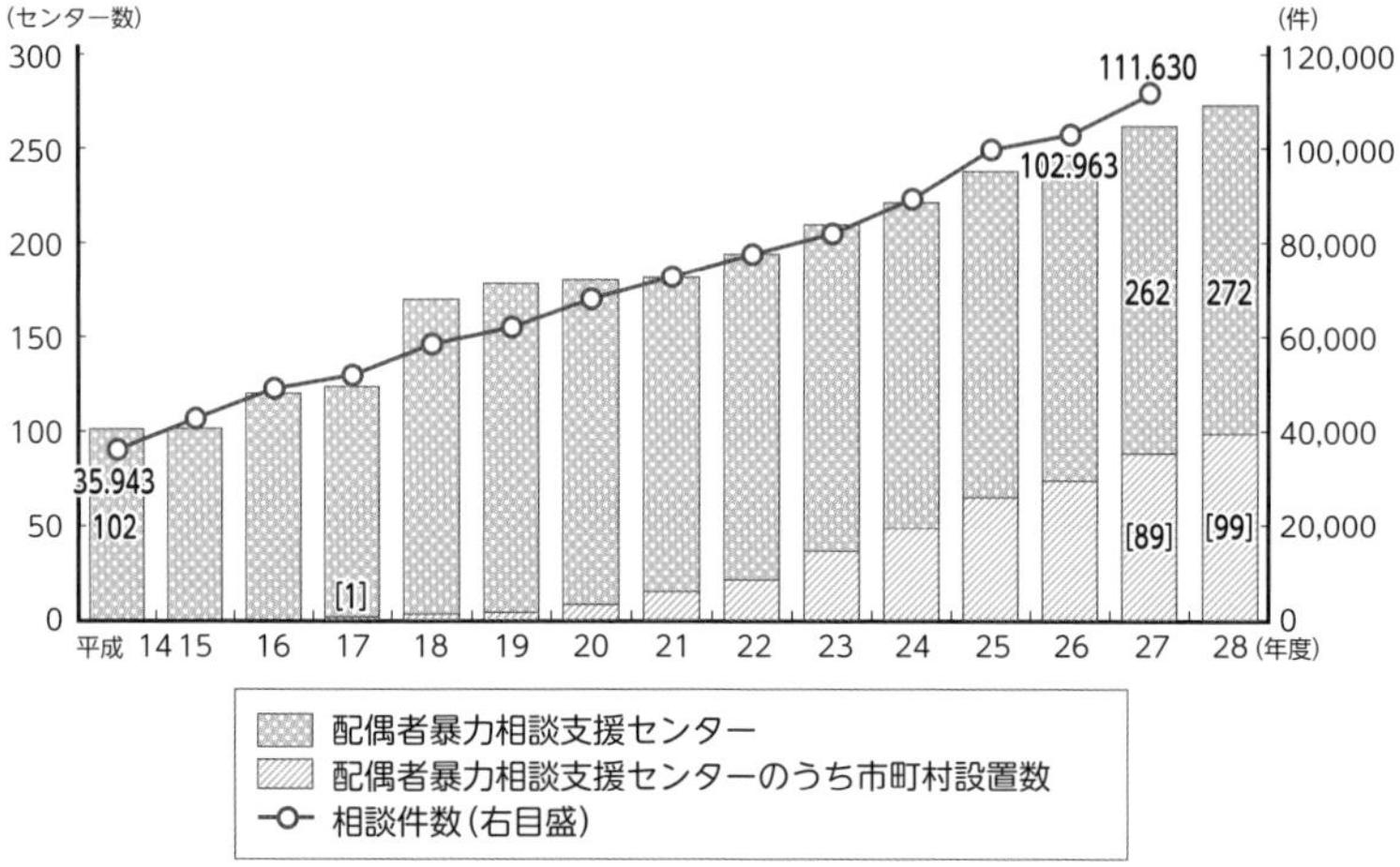

備考 1. 内閣府「配偶者暴力相談支援センターにおける配偶者からの暴力が関係する相談件数等の結果について」等より作成。
2. 平成19年7月に配偶者からの暴力の防止及び被害者の保護に関する法律（平成13年法律第31号）が改正され、20年1月から市町村における配偶者暴力相談支援センターの設置が努力義務となった。
3. 各年度末現在の値。

ンターに寄せられた相談件数である。平成14年から年々増加し、現在では11万件余りになる。これの殆どに支援措置が出されているとすれば、先程の支援措置年間10万件という数字も頷けるものがある。もし、その10万件が生活保護を受け、年間200万円を受給しているとすると、これによる社会保障費は年間2000億円が必要になる。

③のグラフは、裁判所から出される保護命令の推移である。裁判所は双方から聞き取りをし、基本的に診断書が無いと保護命令を出す事は無い。裁判所が出す保護命令は、およそ年間2

③配偶者暴力等に関する保護命令事件の処理状況等の推移

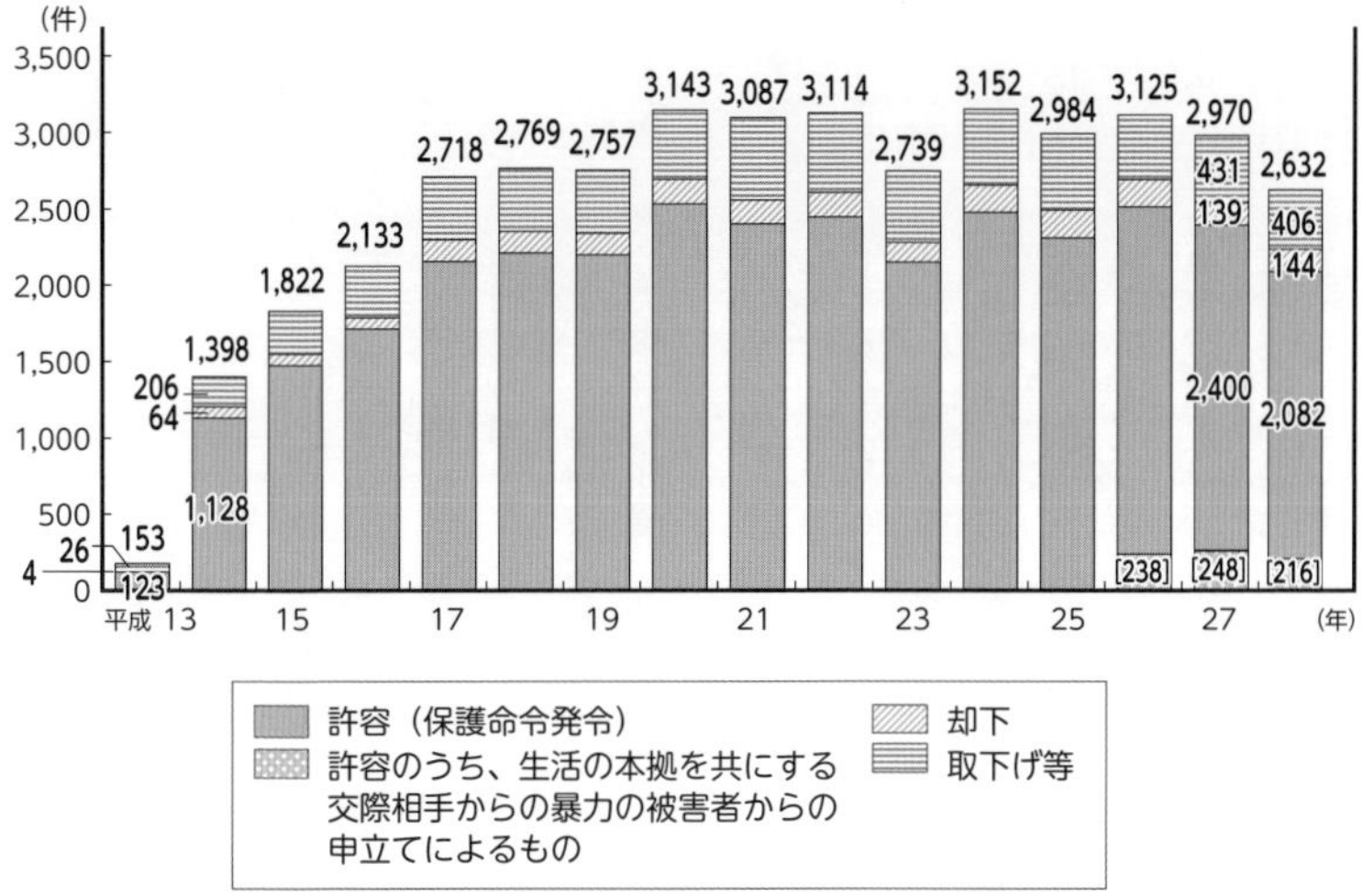

④配偶者間（内縁を含む）における犯罪（殺人、傷害、暴行）の被害者の男女別割合（検挙件数、平成28年）

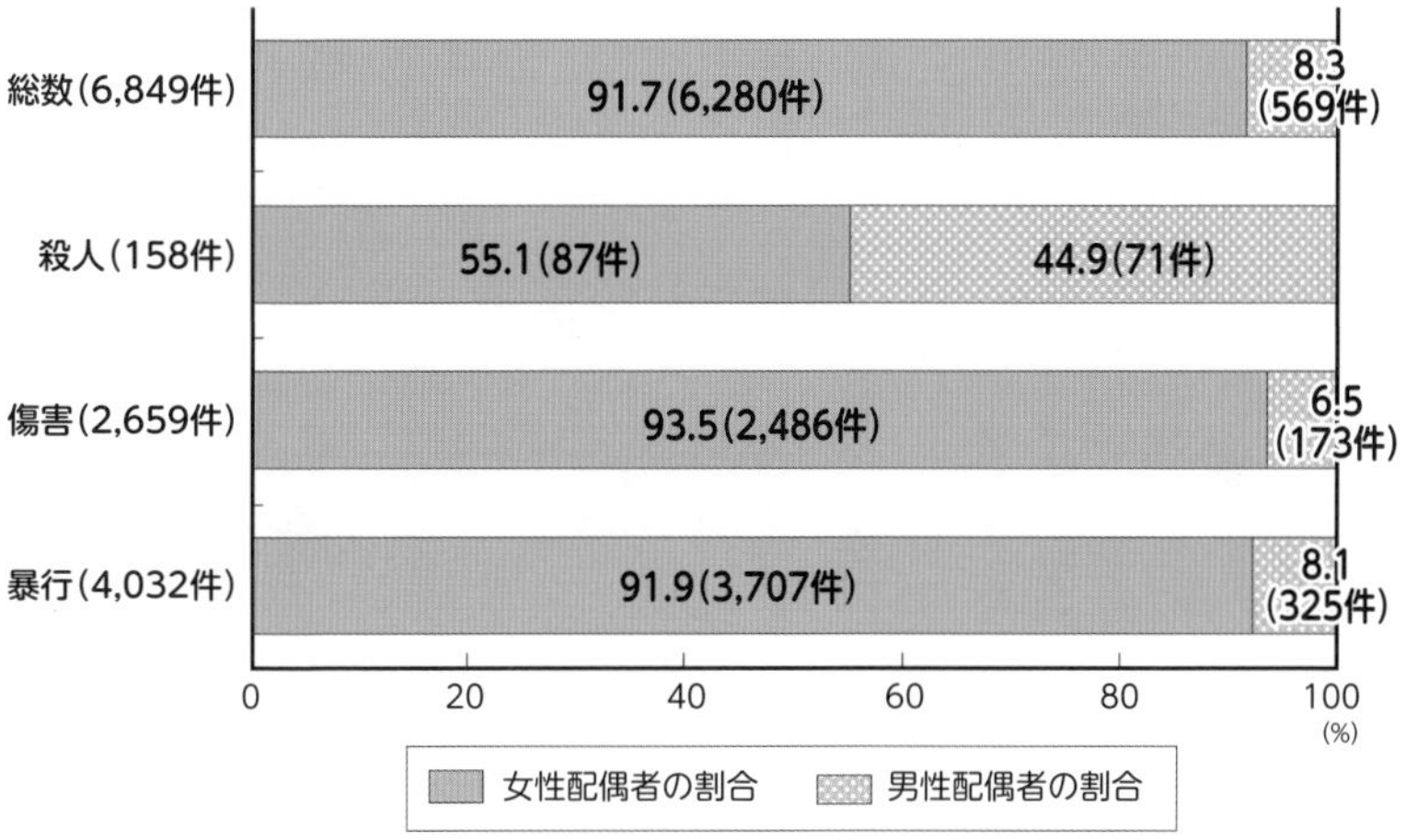

備考｜ 警察庁資料より作成

千件余りであり、支援措置の2・5%しかない。取り下げ+却下率も20%ある。これによりわかる事は、裁判所の審査に耐えられない、或いは耐えられないであろう、曖昧な、もしくは虚偽のDVは、行政が出す支援措置に流れており、本当かどうかもわからないDVが、少なくとも年間およそ9万8千件もあるということだ。悪徳弁護士や女性支援NPOは、虚偽DVを行政に持っていき、裁判所の審査から逃げる。双方の話を聞かず、証拠も必要としない支援措置は、悪徳弁護士や女性支援NPOの格好の餌場になっているのだ。

【殺人だけが6:4の怪】

前ページの図④は、配偶者間における犯罪の被害者の男女別割合である。圧倒的に女性が被害者であるのが見てとれるが、これにはトリックがある。殺人の部分だけが被害女性が55%、被害男性が44%で、大きな差がないのだ。これの謎は、つまりこうだ。暴行や傷害は、申告による事件発生だが、殺人は、死体が発見されての事件発生になる。つまりは、女性は配偶者から殴られたり、怪我をさせられると警察に通報するが、男性は通報しないのだ。おそらく男性は、「女に殴られた」などと女々しくて公言出来ないのであろう。しかし殺されてしまっては、否応なく事件化されてしまう。配偶者間の暴力(DV)は、男も女も関係なく行われていると思われる。

【会いに行ったら逮捕】

多くの当事者が、同様の対応をされている。連れ去った側の親は弁護士に「被害者」を装うように教唆されている。２０１９年5月23日、京都の保育園で、母親と暮らす子供を別居の父親が連れ去ろうとする事件を想定した不審者撃退訓練が行われた。このような状況を子供が見てしまう事自体が「虐待」である。多くの子供が精神的に支障をきたし、不登校や学業の成績低下に繋がっている。

【相談員】

非正規職員であり、資格も学歴も関係なく採用される、いわゆる素人である。相談員が支援措置申出書の要支援にチェックを入れると、行政は何も調べずに支援措置を出してしまう。これを出されると、住所非開示、生活保護、公営住宅優先入居が受けられ、「被害者」として扱われる。加害者とされる側からの聴取は一切行われず、以後一年毎の更新時においても一切聴取されない。何の調べもなく一方的に加害者として扱われるのは不当である。中国ではなくこの日本で、このような「人権蹂躙」が行われている。日本ではこの欠陥制度が改善される事なく、長く放置されているのが現状だ。

【相談員の研修】

相談員の研修は女性支援ＮＰＯが行っており、市役所での相談では、いわゆるＤＶ被害者が大量に作られている。相談者はその後、人権派弁護士や女性支援ＮＰＯに紹介され、自動的に離婚させられる。まさに特定の思想を持った人たちのマッチポンプである。

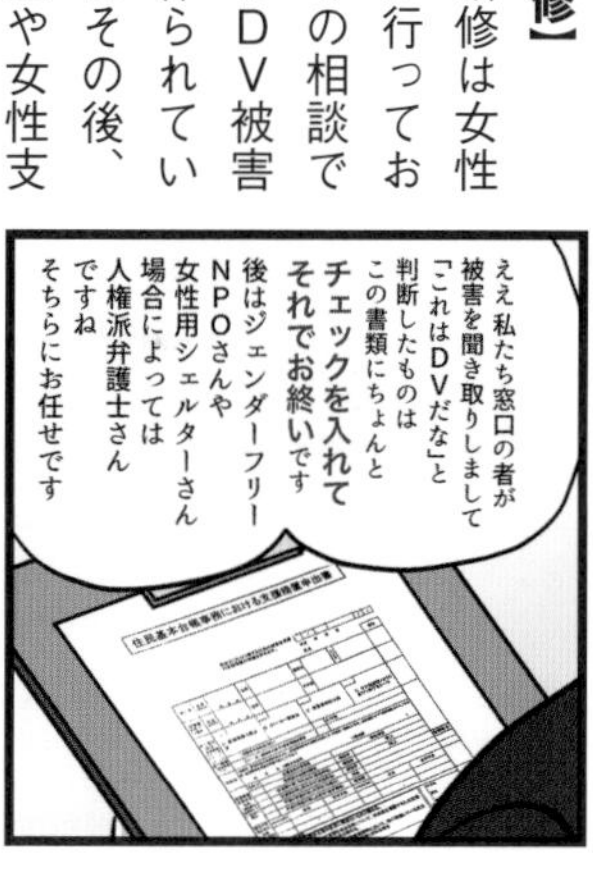
ええ私たち窓口の者が被害を聞き取りしまして「これはDVだな」と判断したものはこの書類にちょんとチェックを入れてそれでお終いです
後はジェンダーフリーNPOさんや女性用シェルターさん場合によっては人権派弁護士さんですね
そちらにお任せです
住民基本台帳事務における支援措置申出書

【女性相談所→フェミニスト講習会】

女性相談所（女性支援ＮＰＯ）に相談に行くと、フェミニスト講習会へ行くように促され、そこで相談者は徹底的にフェミニスト思想を植え付けられ洗脳される。女性相談所では「あなたは才能があるのに、家庭に閉じ込められていて、無銭労働を強いられている奴隷であり、搾取されている」と教えられ、講習会では

「あなたはDVと性暴力の被害者だ」と夫への嫌悪感を教えられる。そして「DVの実態は被害者しかわからない（＝DVかどうかは被害者が決める→嫌な経験はDVだと思え）」、「子供がDVを見ただけや、物音を聞いただけでも虐待である（←子供引き離しを示唆）」、「面会交流拒否の肯定理由（←連れ去りを想定）」等が吹き込まれる。相談者は、女性相談所や講習会へ行くと別人のように変わり、3ヶ月から1年以内に子供を連れて家出してしまうという。相談所経由で家出した場合は、100％離婚になってしまうという。

【家庭裁判所前での刺殺事件】

このように、当事者が犯罪に手を染めるのは極めて稀な例であるが、家庭裁判所前刺殺事件の裏側には、連れ去り事件があった事実を広く周知させる為に、本作ではあえて引用する事にした。実際は、家族を失った喪失感、金銭的な困難・貧困によって絶望し、自殺してしまう当事者も少なくない。

【弁護士からの電話】

典型例では、連れ去りの翌日に弁護士から電話がかかってくる。このような一律した迅速な対応は、組織が関与していないと不可能である。連れ去り親は、弁護士の指示通りに役所へ行くと支援措置を受けられるので、「自分は被害者」だと思い込む。そして弁護士を信用してしまい、弁護士の操り人形にされてしまうのだ。実際は弁護士の食い物にされているのが現状だ。

【子供との面会】

作中では面会交流の場面が出てくるが、多くの当事者が子供と何年も会えずにいる。これは弁護士の妨害によるものであり、すなわち、子供との面会によって、自分の悪事が露呈する事を弁護士が恐れているのである。依頼人に虚偽の主張を教唆した事が暴露されれば、弁護士は逮捕されるからである。しかし、妻子を隠れさせ、囲い込んでいる限り、このような悪事は露呈しないことが現実だ。

【ハーグ条約】

ハーグ条約とは、オランダのハーグで採択された、国家間の不法な児童連れ去り防止を目的とした多国間条約である「国際的な子の奪取の民事上の側面に関する条約」の通称。２０１８年８月現在、世界98カ国がこのハーグ条約を締結。日本は２０１４年１月に署名し、同年４月に発効。

国家間を跨いだ連れ去りの場合、その紛争は、元の居住国に子供を戻して解決されるべきと義務付けしている。

国内での連れ去りには適用されない。例えば、作中のジョンソン一家の場合、国際結婚であっても、連れ去りが国内で起きた場合は、ハーグ条約外となる。

【日本は〝拉致〟国家】

外国から日本へ子供を連れ去る事件が多発しており、子供を失い嘆く外国人は大勢いる。２０１８年４月に米国で行われた「ゴールドマン法（子の連れ去りをなくすための制裁法案）」の公聴会では、連れ去りをabduction（＝拉致）と表し、日本は「拉致国家」と表現されている。

この状態を看過したまま、いくら日本が北朝鮮の拉致を嘆いても、米国人は日本に同情し、手助けしてくれることはないだろう。

【共同親権】

近年では「連れ去られた片親が子供に会えないのは、日本が単独親権であるからである」という考えのもとに、共同親権導入の声が高まっている。共同親権とは、離婚後も両親が子供の親権を共有し、共同で養育をしていくという制度で、離婚後も、子供と法律上、赤の他人になる事は無い。また、主たる監護者の勝手な判断による子供の養子縁組が出来なくなるなどの利点がある。

一方で既に共同親権を取り入れている諸外国では、親権を悪用した報復、嫌がらせ（主たる監護者が補助金等の行政サービスを受けようとしたときに、もう一方の親権者が同意書にサインせず、主たる監護者と子供が補助金を受け取ることができない→子供の貧困）などというトラブルや、子供の居所を２つに分けることで、子供の所属意識が定まらず、子供が精神的に不安定になるなどの欠点が報告されている。

ほとんどの場合において、子供の連れ去りは、離婚前の共同親権状態で発生しており、現在の法運用のままでは、離婚後共同親権にしたところで、子供の連れ去りはなくならないであろう。また、悪徳弁護士らが、ＤＶを理由に（この場合、子供の連れ去りを正当化させるための虚偽のＤＶであるが）、親権の剥奪を画策してくる事は容易に想像できる。子供の連れ去りの解決には、まず法の運用を改善しなければならないと考えられる。

【ＤＶ相談のステッカー】

左の写真は、横浜市の開港記念会館の女子トイレに貼られていたもので、こういう類のものは男子トイレには貼られていない。男性はこういうサービスがある事を知り得もしない。夫婦間での殺人の男女比は大きな差がなく、通報に至らないだけで、男性へのＤＶも相当数あると考えられるのだが、なぜ行政は男子トイレにもＤＶ相談のステッカーを貼らないのであろうか。

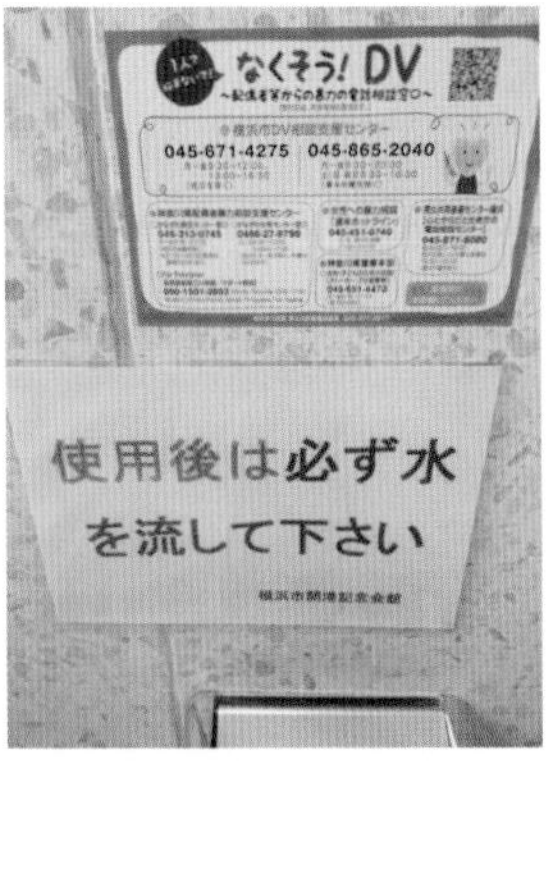

【子供の連れ去り問題】まとめ

離婚弁護士らの目的……●ビジネス（婚姻費・養育費からのピンハネ）
●利権確保（DVシェルター運営団体、シングルマザーや子供の貧困に関するビジネス団体、監視付き面会交流提供団体）
●イデオロギー（=家族解体）

手口……離婚弁護士らは訴訟で依頼主に親権を獲得させるため、以下の対応を依頼主に教唆幇助
1. 相手親の留守を狙った子供の連れ去り
2. 相手親と子供の徹底した物理的心理的引き離し
※心理的引き離し（→子供を洗脳し相手親を敵視する子供の意思を作出、片親疎外）

解決策……●裁判官が法に従った判決を出すよう、国が指導（「継続性の原則」を利用する裁判官への弾劾）
●裁判官が自ら扱った事件に関わる弁護士事務所に「天下り」する事を禁止する法の制定
●離婚弁護士らの拉致教唆・幇助行為を国が調査（→離婚弁護士らの資金の流れを把握→離婚弁護士の逮捕・起訴）
●「子供の拉致（連れ去り・引き離し）を児童虐待の定義に追加する」児童虐待防止法の改正
●「DV存否を警察が主体となって夫婦双方から公平に聴取し、判断する事で虚偽のDVの捏造を防止する」DV防止法の改正
●既に支援措置が出されている当事者においては、速やかに双方から聴取を行う事

「子供の連れ去り問題」の背後に蠢《うごめ》くもの

米国カリフォルニア州弁護士・著述家・評論家　ケント・ギルバート

私が日本で「子供の連れ去り」（実子誘拐）が起きていると聞いたときには、「まさか、そんな事が日本で行われているはずがない」と思い、当初は意に介しませんでした。

しかし、説明を聞いているうちに、その背後に暗躍する組織に関して知る事になり、興味を持ちました。

本書では、この問題に長年関わってこられた諸先生方から見たこの問題の本質や原因、その複雑さに関して、また、今後、どのように対応すべきなのかが解説されています。

私は米国カリフォルニア州の弁護士でもあり、日本に長年住んでいる米国人として、米国での離婚後の親権の問題に関して少し記しておこうと思います。

日本では、この連れ去り問題の当事者や団体の多くが「共同親権」にすれば、この日本の子供の連れ去り問題が解決すると考えているようです。しかし、これは大きな誤解に基づいていると言わざるを得ません。

日本では離婚後の子供の親権に関しては「単独親権」（父親か母親の一方が親権を持つ）なのです

が、米国では「共同親権」といい、離婚後も両親が親権を持ちます。

私は、日本での子供の連れ去り問題が親権問題にすり替えられていることに、非常に違和感を覚えます。

この日本での問題は複雑で、米国での例をそのまま日本に当てはめれば解決するのかと言えば、国の生い立ちや文化などの違いを考えたときに、解決策になり得るとは思えませんが、参考にはなると思っています。

その内容に入る前に、この問題の背後で暗躍している団体や個人が誰なのか？　を説明しなければならないと思います。

これは、一見、陰謀論と思われるかも知れませんが、実際はそこにはいわゆる「左派ＮＰＯ」「特定の宗教団体」「人権派弁護士」「人権派学者」「スパイ防止法制定に反対する団体」「憲法９条を守れという団体」「極端なフェミニスト」「女性シェルター」などが深く関わっています。そして、関わっている人たちの多くが、慰安婦問題、徴用工問題、沖縄独立運動、部落問題運動、アイヌ先住民化運動、ヘイトスピーチ問題、ＬＧＢＴ問題、ＤＶ防止法問題、ＡＶ強制出演問題、文科省教科書検定問題、科研費問題、現在、マスコミが騒ぎ立てている日本学術会議問題、その他、様々な政治問題において背後で暗躍し、日本を転覆させようとしている勢力なのです。

政治や歴史問題に興味をお持ちの方ならば、ここまでの説明でピンと来ると思いますが、それらにあまり興味のない一般の方々には、少々、理解が難しいかも知れません。そして、連れ去りの犠牲者になっている方々の多くも、この背景がわからないのではないかと思います。

さて、この子供の連れ去り問題での犠牲者は誰なのか？　ですが、まず、一番の影響を受けるのが、連れ去られた「子供たち」です。今まで毎日、仲良く遊んでもらったり、様々な事を教えてもらったり、面倒を見てもらっていた片方の親から、もう一方の親のエゴによって、強制的に引き離されるわけです。そして、このことによって、子供の精神状態は大変不安定になります。中には、その事だけで、精神疾患に陥った子供たちも少なくありません。登校拒否をしたり、薬物に手を染めたりするのも、片親の子供の場合が多いのは、各調査でも明らかになっています。

もう一人の被害者は、連れ去られた側の親です。

ある日突然、配偶者と子供が消えてしまいます。その背後には、「婦人相談所」などの極端なフェミニストたちに汚染された機関が煽っているという事実があります。

そして、その連れ去られた親も、仕事が手に付かずに精神疾患に陥ったり、自殺したりと悲惨な状況にあります。何ヶ月も、何年も掛けて子供の居場所を見つけて、取り戻しに行って逮捕された親も多くいます。驚くことに、連れ去られた被害者には、裁判官や弁護士もいるということです。

日本の優れた伝統の一つに結婚する時の「仲人《なこうど》」という制度があります。米国では、その役目を教会の神父さんや牧師さんが行いますが、日本の場合は、お世話になっている上司や、指導を受けた恩師などがその仲人役を頼まれます。そして、結婚生活の中において、夫婦間のトラブルや意見の疎通が上手く行かなくなった時に相談をして解決策を探ることが行われてきました。また、家族会議などを開き、双方の親を交えて、子供の事や今後の生活に関して話し合ったり、指導を受けたりしてきました。

しかし、現在の子供の連れ去りにおいては、「フェミカン」（フェミニスト・カウンセラー）と呼ばれる人たちが、様々な女性の相談窓口に待ち構えており、そこに引っかかった場合は、１００％離婚を勧められるのです。行政の相談窓口にいる婦人相談員たちの為の教育を、フェミカンＮＰＯに丸投げしているという事実もあります。そして、その場で弁護士を紹介したり、離婚に向けた綿密な行動計画を示し、ある意味での洗脳を行い、強引に離婚させるのです。当事者が離婚後の生活の金銭的な不安を告げた場合は、生活保護、児童手当、公営住宅への優先的な入居、その他の公的な支援があることを教え込んで洗脳し、また、配偶者からの「養育費」や「婚姻費」を法的に受け取れることなど、全面的に不安が払拭されるような説明を受けるのです。中には、「結婚とは女性が男性の奴隷になることなのです」などと言っているフェミニストや人権派の学者などがいます。

「家族」とは、社会の最小単位です。その家族が崩壊させられれば、地域社会が崩壊し、国家が破壊されます。個人主義が蔓延することになります。日本社会は個人主義ではないはずです。そして、その日本の国家破壊を目論んでいるのが、中国共産党なのです。上に挙げた政治問題の多くの背後では、中国共産党などの共産主義勢力や北朝鮮などの勢力が暗躍しています。

さて、背景はこの位にして、米国では離婚後にどのような制度になっているのかを簡単に説明します。州によって、若干の違いはありますが、ここでは、カリフォルニア州の場合に限定してご説明いたします。

米国では離婚後は「共同親権」の制度を採っています。まず、米国が「共同親権」だから、日本でもそうするべきだというのではありません。日本は、米国と国そのものの生い立ちも違います。日本人が考える方法が日本には最善と考えますので、私の話は、参考程度にしていただきたいと思います。「共同親権」は、米国では、"Shared Parental Authority"（シェアード・ペアレンタル・オーソリティ）と言います。この他に「共同養育」を"Shared Parental Custody"（シェアード・ペアレンタル・カスティディ）と言います。

離婚後でも、双方が親権を持つわけですが、この親権は「権利」だけではなく「義務」も付随します。子供が成人になるまでは、その監護義務があります。そして、その費用に関しても、双方の収入の合計を半分にして、収入の多い方が少ない方に基準に沿った差額を支払う義務があります。この義務を怠ると、給料の差し押さえ、ローンを組めない、公務員になれない、公の仕事を受けられない、自動車運転免許証を持てない、自動車を購入できない、その他、様々な制裁があります。

しかし、同時に子供に会う時間も、お互いの親が最大限に努力し、多くの時間を子供と過ごせるようにする義務があります。これを怠ると、ともすれば、児童虐待になる場合もあります。

円満な婚姻関係の解消であれば、当然、これらの問題は起きません。しかし、夫婦が片方の浮気が原因や、その他の原因で憎しみあった場合には、子供を盾にした訴訟合戦に発展します。米国の訴訟には多額の弁護士費用が必要になります。この多額の弁護士費用が、ある意味、訴訟への進展を思いとどまらせる効果がある場合もありますが、逆に相手を脅す材料にも使われます（ここは日本には当てはまらない部分です）。

金銭的に余裕がない側は、訴訟になることを避けるために相手の出す条件を泣く泣く飲まなければならない場合もあります。

訴訟になる原因の多くは、お互いが同等に持っている「親権」を理由に争いますので、ある意味、決着が付かない長期戦になり、双方が大金を投じて消耗し、子供がそのあおりを大きく受けて、貧困に陥ったりするのです。

この親権の問題は、日本では子供が成人する20歳までの問題です。逆に言えば、20歳までは、自分たちの意思で結婚し、子供を作った親としての責任を感じ、子供が成人するまでは我慢するというのが、日本だけではなく世界の親が行うべき事だと私は思います。

ただし、その我慢をする時間的な余裕を与えないのが、前述のフェミカンや日本破壊を目論んでいる左派のNPOなどなのです。詳しくは、本書の中で、様々な先生方が書かれていますので参考にされると良いと思います。

また、残念なことに、現在、この子供の連れ去り問題で日本は、米国やEU議会、フランス、イタリア、ドイツ、その他から、かなり厳しい非難決議などが出されています。ネット上では、「日本は拉致国家だ」などと書かれているのも頻繁に目にします。

国連の児童の権利委員会や人権理事会などでも、この問題は話し合われており、日本政府に対して勧告なども出されています。これは、国際的に良いイメージを保ってきた日本にとっては、良くないことだと思います。

本書に寄稿されている様々な先生方の中でも、立場の違いや考え方の違いがあり、統一した見解がある訳ではありませんが、最初の連れ去りの部分の法の運用がおかしいというのは、統一見解のようです。いずれの先生方も、この問題に真剣に取り組んでおられる方々ですので、この問題で苦しんでいる当事者の方々、研究者の方々には参考にしていただき、社会全体でこの問題を解決する一石を投じることになることを願ってやみません。

「連れ去り」問題にみる家族破壊の実態

メリーランド大学講師　エドワーズ博美

世界中のフェミニストたちが跋扈して押しかけた北京会議から23年、そしてこの北京会議で採択された行動綱領に則って男女共同参画社会基本法（以下、基本法）が採択されて20年近い歳月が経つ。フェミニズム運動が日本を席巻してからというもの、家族崩壊の流れが止まらない。１９９５年における生涯未婚率は男８・99％、女５・10％だったのが15年後の２０１０年にはそれぞれ20・14％、10・61％と男女ともに倍以上増加している。

基本法の制定と未婚率の増加を短絡的に結びつけることはできないかもしれないが、基本法成立当初から男女共同参画推奨者が提唱する「家族の多様化」なるものは「家族の崩壊」を意図したものであるとの指摘はあった。フェミニズム思想に詳しい林道義氏は、フェミニズムは革命思想であるとまで指摘し、次のように述べている。

「フェミニズム運動の背後には日本の革命を目指す勢力、日本の健全な文化と秩序を内部から崩し、力を弱めようという勢力が隠れている」「革命を勝利に導くために、現体制の秩序を乱し、道徳を崩し、価値を混乱させ、体制を弱体化させるのが隠された動機であり、そのために社会の基本的な枠組みを崩そうとしている」

（「正論」平成14年８月号）

社会の基本的な枠組みである家族、そしてその崩壊を目論むフェミニズムにはこうした革命思想や過激性が潜んでいることはしばしば耳にしてはきたが、それを日常生活の中で実感として感じることは今まであまりなかった。しかし、3年前に愛媛県松山市に活動拠点を置く「健全な男女共同参画をめざす会」の会長を介して紹介されたA氏の体験談はまさに聞く耳を疑うものであり、彼こそはこのフェミニズム思想の犠牲者だった。

「連れ去り」被害の実態

A氏は大手企業に勤務するサラリーマンで、専業主婦の妻と小学生の娘との普通のどこにでもあるような3人家族だった。そんな幸せな家庭が、妻がたまたま家の近くにある女性相談所に行ったことから一変する。女性相談所に通い始めて半年後に妻が娘を連れて突如行方不明になってしまった。そしてその僅か一週間後に弁護士から「奥さんが離婚を決意している、話し合いはできない」との電話がかかってくる。膝つき合わせて話し合えば解決できるだろうと転居先を探すも、役所には「住所非開示になっています」と言われる。後で分かったことだが、妻がDVを理由に役所に支援措置申出書を提出していたのだ。1年半以上かけてようやく居場所を突き止めて娘に逢いに学校に行くも警察沙汰にされてゆっくり父子の会話をすることも叶わなかった。その後、妻は再び転居して嫌がる娘を無理矢理、再度転校させてしまった。娘はそれから一度も学校に行くことなく、不登校のまま義務教育を終えてしまった。和解すれば娘との面会交流もできるだろうとの思いから正式離婚するものの、精神障害の診断書を突きつけられて面会拒否される。A氏は言う。

「家族と暮らしていた頃は娘と週末に公園に行くのが楽しみでした」

「DVなど一度もしたことないのに、もう8年も娘に会えないんです……」

彼のように、配偶者に子供を連れ去られその後我が子に会えなくなる人のことを「連れ去り被害者」と呼ぶ。こうした「連れ去り被害者」と言われる人と1000人以上も面会したことのある支援団体の代表は、ほとんどの被害者がA氏と同様の経験をしていることから連れ去りにはマニュアルがあるとしか思えないという。家族が破壊され、DV加害者という濡れ衣を着せられ、そして我が子に会えない寂しさから精神障害を発症したり自殺する被害者も決して少なくない。

女性相談所の実態

「連れ去り」の引き金ともなった、A氏の妻も相談に行ったという女性相談所とは一体どういう機関なのだろう。女性からの相談を受け付ける機関には「婦人相談所」と「女性センター」の二種類がある。前者は主に配偶者からの暴力の相談を受け付ける機関で各都道府県に一つ設置が義務づけられており、平成13年4月に設立した配偶者暴力防止法により配偶者暴力相談支援センターの機能も担っている。後者は各都道府県や市町村が自主的に設置したもので「女性センター」「男女共同センター」「女性相談所」等々名称は様々だ。これら女性センターは暴力以外にも女性問題一般に関する相談を受け付け、東京は最多の29団体が自治体から業務委託されて女性センターを運営している。なお、一般にシェルターと呼ばれる一時保護については婦人相談所が自ら行うか一定の基準を満たす者に委託して行われる。

これだけ聞くと非常にまともな女性のための機関のように思える。A氏の妻が些細なことから足を運んだのも頷ける。しかし、問題はこうした女性相談所の隠された意図だ。ちなみにA氏が足を運んで調べた、ある男女共同参画センターには、上野千鶴子や福島瑞穂といったフェミニストの著書をはじめとして従軍慰安婦、離婚、反原発、在日、同性愛、夫婦別姓、ジェンダーフリー等の偏った思想の本が多数揃えられてあったという。このように女性センターは往々にしてフェミニストや過激思想を持つ者の巣窟で、そこはフェミニズム思想の洗脳場所であり、離婚斡旋所と言っても過言ではない。A氏の妻が女性相談所に通い始めて6ヶ月後に娘を連れて家出したのも頷ける。

支援措置の弊害

婦人相談所や女性センターなどの配偶者暴力相談支援センターでは、相談を受けたという事実だけで証明書を発行してくれ、妻がこの証明書を持って自治体の窓口へ行き支援措置申出書、正式には「住民基本台帳事務における支援措置申出書」を提出すると、夫の意見も聞かず事実確認もせずに一方的に夫をDV加害者扱いにして妻の住所を非開示にしてしまう。支援措置の壁に阻まれて妻や娘の居所を突き止めることができなかったA氏は、この支援措置の問題点を次のように証言している。

・加害者であるとされる配偶者に会って話をしていないので100％安全だと判断できないために支援処置を出してしまい、片方からしか話をきかないためにたとえ口論であっても「怖い」と言えば要支援という判断になる。

・支援措置自体が支援を求める方の新たな被害を防ぐのが第一目的で、加害の事実確認をするような制度ではない。それにも関わらず支援措置申出書が出されると、行政、警察、学校は「加害者」「被害者」という言い方をする。行政は緊急的処置だというが、その後も事実確認の調査がされることは一切ない。

・役所に虚偽DVで「加害者にされたこと」に対する審査請求をしても役所の職員すら支援センターでの相談内容を知ることも教えてもらうこともできないシステムになっている。それゆえ行政に審査などできないのである。

・支援措置を出すと、住所非開示、生活保護、公営住宅への優先入所等の手厚い対応を行政がしてくれ、理由がなんであれ離婚したい女性にとっては非常に有り難い制度といえる。

・裁判所の保護命令は双方から話しを聞き、医師の診断書などの事実に基づいて裁判官が判断し、2割近くが認められないで「却下」「取り消し」判断が出される。その反面、支援措置申出書の相談証明書を作成する民間NPOや相談所の相談員は無資格者で、こうした無資格者が「要支援」の判断をし、それを受けた役所は事務的に支援措置を出している。こうしたことから、連れ去り弁護士や女権団体等は裁判所の保護命令が出る可能性が低い場合に「便利なツール」として行政の支援措置を悪用する。

要するに、たとえそれが虚偽のＤＶ申し立てであろうと「加害者」とされた側がそれに不服を申し立てて撤回するためのシステムは一切構築されていない。そして支援措置を出されたという事実だけで、警察や学校、それに行政からもＤＶ加害者というレッテルを貼られてしまう。Ａ氏は和解離婚に応じれば子供との面会ができると思い数年後に正式離婚した。しかし何年も面会交流ができないことから面会交流調停を申し立てたところ、「娘が精神障害であるから」という理由で面会を拒否された。その後なんら進展はない。Ａ氏のような「連れ去り被害者」にはいくら子供に会いたくても、行政や悪質弁護士たちの厚い壁が立ちはだかり、何年も我が子を抱きしめることもできずに悶々と日々を送る道しか残されていない。

今年４月25日に名古屋地裁において、妻がこうした虚偽ＤＶを主張しそれを調査せずに警察が事実を認めたのは名誉毀損であるとの夫の提訴に対する判決が言い渡された。判決では裁判長は「妻側の主張するＤＶは診断書などがなく誇張された可能性がある。妻は子供と夫の交流を絶つ意図で支援を申請したと認められ制度の目的外使用だ」と認定し、妻と県に対して賠償命令を出した。支援措置の制度的な欠陥が司法により初めて認められた画期的な判決といえる。しかしながら、こうした支援措置申出書が全国で一体何件出され、Ａ氏のような冤罪ＤＶ被害者が一体何人いるのか総務省さえ把握していない。

連れ去り弁護士の正体

それでは「連れ去り被害者」の前に立ちはだかる連れ去り弁護士とは一体どんな人たちなのだろうか。A氏は彼の妻が餌食になった弁護士に関しても詳細に調査している。A氏によると、この弁護士は「韓国人従軍慰安婦」「歴史教科書」「朝鮮人強制連行」問題などを担当したことがあり、「九条の会」「官邸前見守り弁護団」「日の丸・君が代強制反対」等を主張する団体、および「自由法曹団」や日弁連の「両性の平等に関する委員会」にも所属している。自由法曹団は共産党系の革新弁護士グループで、両性の平等に関する委員会は婚外子差別廃止や選択制夫婦別姓等を実現するための民法改正に向けて活動している弁護士グループだ。紛れもない偏向思想の人物である。

こうした極めて偏った思想の弁護士がA氏が居住する市の「男女共同参画審議会」や「DV施策推進会議」の委員も務めている。男女共同参画やDV防止法が表向きは女性のための活動にように装っているが、実際は家族破壊を目論む極めて偏った思想の人たちの隠れ蓑でしかないことがこうした人選にも表われている。A氏は妻が家出して一週間後に弁護士から電話を受けたというが、これは妻が女性相談所を訪れた直後にすでに相談所側は極めて偏った思想の弁護士を紹介し、着々と離婚訴訟を計画していたことを裏付ける。母子が転々と住居を変え父子を引き離すことによって子供が不登校になり将来を閉ざされ、夫がDVの汚名を着せられ不公平な扱いを受けて苦しむ。しかし、こんな他人の不幸など偏向思想弁護士の眼中にはない。男女共同参画しかり、慰安婦捏造しかり、日の丸・君が代反対しかり、これらは全て目的のためなら手段など選ばない偏向思想の仕業である。連れ去り被害者は家族破壊に勤しむ偏向思想の被害者に他ならない。

フェミニストたちの正体

女性の味方であるはずのフェミニストたちが、なぜかくも執拗に家族破壊に勤しむのか。フェミニズム研究の第一人者である哲学博士のクリスティナ・ホフ・ソマーズ博士は彼女の著書（Christina Hoff Sommers, "Who Stole Feminism-How Women Have Betrayed Women", New York: Touchstone, 1995）の中で次のように説明している。

「女権運動家たちは我々の社会は男性上位社会であり男性支配の社会であると信じている。そんな社会では支配者階級の男性は女性を抑圧し続ける。だから我々はジェンダー戦争まっただ中にいるのであり、一部の攻撃的で自己中心的な男性が女性を抑圧しているという事実を拡散するだけでは不十分で、制度自体そのものが男性を凶暴化していると女性に思わせなければならない。」（ｐ16）

要するに、フェミニストたちは社会の現象や仕組みを全て相対立する男性と女性、それも支配する男性と支配される女性という偏見の構図でしか見ず、社会における全ての問題はこの仕組みから起きていると頑なに信じていると言うわけだ。そして、問題解決のためにはあらゆる手段を講じて社会の仕組みや制度そのものを変えなければならず、家父長制度を壊して女性を解放しない限り男女平等は実現しないというわけだ。それはまさに冒頭でも紹介したように、林道義氏がいうところの革命思想に他ならない。１９６０年代にアメリカで始まったこうした過激フェミニズムが日本にも蔓延し、偏向思想弁護士と手に手を取って着々と家族破壊を進めている。

おわりに

二ヶ月前にA氏に会ったとき、「不登校で義務教育を卒業し高校にも行かず友達もおらず引きこもっている娘が自殺するのではないか、それだけが心配だ」と言っていた。そして「偏向思想弁護士とフェミニストに騙された妻が可愛そうだ」とも。A氏のように「連れ去り被害」で苦しんでいる人たちを減らすために、一体何ができるのだろうか。まず第一に、「嫌だなと思うことは全てDVだ」というとんでもない言説がまかり通らないように、DV防止法を見直してDVの定義をもっと厳格にするべきである。次にA氏のように冤罪DVで苦しむ人がこれ以上出ないように、虚偽DVを申し立てた配偶者や悪質弁護士に対して厳しい罰則を科す必要がある。さらに、行政から業務委託された女性センター等がフェミニズム思想の拡散場所になっていないか、行政には監督する責任がある。

国民が無関心でいる間に、多くの子供たちが片親と引き離されて苦しんでいる。北朝鮮による拉致問題が世間の耳目を集めているが、子供の連れ去りは国内における拉致問題であり犯罪である。犯罪者である親でなく、被害者である親が苦しむ国はまっとうな国とは言えない。アメリカでは子供を連れ去った親は犯罪者として厳重に処罰される。日本も犯罪者に対して毅然とした態度がとれる国になるために、今こそ良識ある国民が声をあげる時である。

（「祖国と青年」平成28年2月号「離婚を推奨する女性センターの実態」および「祖国と青年」平成

30年8月号「虚偽ＤＶによる子供連れ去り被害の実態」の原稿を編集加筆）

わが子に会いたい

目の前に一本の動画がある（https://youtu.be//FlrOUm0ddMw）。８年前撮影されたその動画の中で、泣きじゃくる2歳のわが娘に父親が詫びるように言っている。「ごめんね、またすぐ来るから」「お仕事で会えないけど、パパまたすぐ来るから」。

仕事で出張する父親がそれを寂しがる娘にかけた何気ない言葉のようにも聞こえるが、ひとつだけ決定的に違うのは、この父親っ子だった幼子はこの動画が撮影された3か月前に急に父親から引き離され、久しぶりに会ったこのときも自分がまた父親から引き離されることを察して泣きじゃくっているのだ。そして、この父親は8年経った今も未だわが子に会えていない。

「祖国と青年」平成28年2月号と30年8月号の二回にわたって、「連れ去り被害の実態」をレポートしたが、この父親（Ｂ氏）も同じく配偶者に娘を連れ去られ可愛いわが子に会えないでいる連れ去り被害者の一人である。

前回の記事ではＡ氏の事例を参考に「各地の女性センターが離婚を奨励する離婚斡旋所になっている現状」と「行政が発行する支援措置が冤罪ＤＶ加害者を作り上げ親子の断絶を助長している現状」を報告した。Ａ氏の場合、冤罪ＤＶ加害者に仕立て上げられたあと行政が壁のように立ち塞がり娘に会うことができなかった。Ｂ氏の場合は司法が親子断絶を助長している。

ある日突然、配偶者が子供を連れ去り我が子に会えなくなってしまう。やむを得ず親権を得るために調停や家事審判手続きに入った場合、一体裁判官は何を基準に審判を下すのだろうか。離婚問題に詳しいとされるある弁護士は「子供を連れて家出しても裁判に不利にならないのか」という質問に対して次にようにブログに記している。

・別居が避けられない状態になっている夫婦では双方にストレスがかかっていて、子どもの心身の健やかな成長にも悪影響を及ぼしており、夫婦が別居することが子供にとっても良いことが多い。どちらの親と住むかは別にして別居は「子の利益」にも繋がるといえる。子連れ別居を強行したとしても、やむを得ないこと、子の利益につながることをしたという面がある。

・別居期間が長引くと「子供は今の親との生活に馴染んでいる。何度も環境を変えるのは子供の利益にならない」という判断から、同居親が親権者として有利である。子供と離れて暮らしている親に、別居前に主に養育していて監護実績があり経済力もあるとしても不利になっていく。

・別居した場合、子供は同居している親との生活環境に馴染んでおり、他方の親とは完全に離れた生活を送っている。それを突然変えることは子の不利も大きい。そのため、別居親による連れ去りは相手方の同意がない限り原則として違法とされ、親権者としては不利になる。

要するに、最初に子を連れ去り何年ももう一方の親と子の関係を断絶した親は無罪放免で、それを理不尽に思う親が連れ戻そうとした場合は違法という、まことにおかしな構図ができている。裁判官らは離婚を考えている夫婦にとっては連れ去りも「子の利益」と言うが、泣きじゃくるB氏の幼子を見て、それでも「子の利益」といえる人は人間の心のかけらも持ち合わせていないと言わざるを得ない。

B氏の親権を巡る裁判の一審判決は、この構図を改める画期的なものであった。家裁の裁判官は「長女が両親の愛情を多く受けるためには多数の面会を約束した夫に養育されるべきだ」と判断し、父親と娘との面会交流を月一日しか認めない（しかもその時点で5年間、一度も娘を父親に会わせなかった）母親よりも、母親と娘との年間100日の面会交流を提案した父親を親権者とした。しかし、勝訴判決の後、母親側弁護士がありもしないDVを声高に主張し、父親にDV加害者のレッテルを貼ってしまった。そのあげく、二審では敗訴した。二審である高裁での判決基準は、前述した「子供は今の親との生活に馴染んでいるから、環境を変えるのは子供の利益にならない」というものだった。

せっかく一審で覆された構図が二審ではまた元の「子どもを先に連れ去った者勝ち」という非道な構図を支持した形になった。前例を踏襲した事なかれ主義の判決である。しかしこうした判決には子供の成長にとっては両親の存在と愛情が欠かせないという考えが完全に欠落している。

また一男二女を連れ去られた父親（C氏）は最初こそ長男の親権を与えられたものの、親権を行使して長男の学校と関われば関わるほど子供の母親に疎まれ、ついには親権を失い、「子らの意向」という名目で死刑囚でも月複数回の直接、間接の交流が認められるのに、現在「2ヶ月に1回」の手紙による交流しか認められていないという。C氏もまたこうした裁判官の審判を次のように批判している。「国民の奉仕者たるべき裁判官に、親子関係維持・回復の意識なく、どうせ他人事、判決がその後の国民に与える影響の責任は問われまいと、平気で民法766条に反し親子断絶を促進している」。

2011年に娘を連れ去られたA氏はその後和解し、和解時に月一回の面会交流の約束をして2015年に正式離婚した。それでも会えないので2016年に面会調停を申し立てたが、そのすぐ後で娘が「アスペルガー症候群」であるという偽りの診断書を出されて面会拒否された。2017年に面会調停から面会審判に切り替えたが、裁判官は一言「元妻と二人で協議してくれ」と言ったのみで何の進展もない。ここでも裁判官の事なかれ主義が父子の再会を阻んでいる。

興味深いことに、彼ら「連れ去り被害者」の元妻の弁護士はどれも共産党系かフェミニストである。こうした離婚弁護士の頭には「家族の大切さ」などといった言葉は存在しない。離婚弁護士は、子供を先に連れ去り、虚偽のDVを主張し、何年も親子の間の関係を引き離せば、裁判官が親権をくれることを母親に教唆し実行させる。最愛の子供を奪われた上に全く身に覚えのないDVで裁判所に訴えられたら、どんな温和な男性であっても怒るであろう。しかし、離婚弁護士からすればそれで良いのである。夫婦でお互いに罵り合い「別居が避けられない」状態にしなければ裁判にならない。仲直りなどもってのほかである。そして、めでたく離婚を成立させると成功報酬（財産分与の20％）や養育費10％が彼らの収入として入るので、こんなおいしい話はない。

彼ら偏向思想弁護士にとっては子供のために協力し合う夫婦の姿は唾棄すべきものでしかない。彼らは、男女関係をお互いに助け合う関係とは決して見ずに、闘争関係としてしか見ず、闘争にいかに勝利するかしか頭にない。親子を断絶させることで、親や子がどんなに傷ついているかなど一切お構いなしだ。夫婦の間で子どもを先に拉致した者勝ちなどという非道な構造を作り夫婦を戦わせ、家族を解体し、それによって金儲けしている。人間がする所業ではない。

我が子に会いたくても会えないでいる「連れ去り被害者」である父親たちが異口同音に望むことがある。それは、

・DV加害者としてのレッテルを貼られて罪も無い父親が苦しまないように、DV法を改正してDVの定義を厳格にする。その上で、DV被害があったと主張する場合は警察もしくは第三者機関が介入して調査をすること。

・「子の連れ去り」は「実子誘拐」であり「拉致」であることを認識して、諸外国のように犯罪扱いにして罰則を科す。なお、虚偽DVを主張した親には原則、親権を付与するべきではない。

戦後、家族条項が憲法から消え、それに添う形で民法からも家父長制が削除され個人主義が蔓延する世の中になってしまった。家族制度という言葉も死語になりつつあり、離婚増加に歯止めがかからない。離婚した親の子は結婚しないか、しても離婚を繰り返す確率が高くなるという調査結果がアメリカではすでに何十年も前に出ている。また、連れ去られた子供がその実母と継父により殺される痛

ましいケースが連日ニュースになっている。殺された子供が実父と定期的に会えていれば救えていた可能性は高い。加えて、子供を拉致された親の多くが、それを苦に自殺に追い込まれている。日本の家族制度は、離婚弁護士らにより完全に解体の危機に瀕しているといえる。安倍政権が「戦後レジュームからの脱却」を目指し、少子化対策に本気で取り組む気があるなら、まず第一に取り組むべきは家族の再生である。

そして日本の家族再生のためにはまず前述したような悪徳弁護士を処罰することから始めるべきである。

（「祖国と青年」平成30年12月号）

離婚が子供に与える悪影響

去る1月27日に「国連に日本の連れ去りの実態を報告するセミナーin東京」と題する会合が笹川記念館で行われた。第一部は高橋史朗氏（内閣府男女共同参画会議委員）、藤木俊一氏（「テキサス親父」日本事務局長）、および市井信彦氏（弁護士自治を考える会）による講演、第二部では参加者も交えたパネルディスカッションが行われた。

本誌でも三度にわたって紹介したが、配偶者に我が子を連れ去られその後何年も会えない親を「連れ去り被害者」という。こうした「連れ去り被害者」で会場は埋め尽くされ、今更ながらこの問題の深刻さに驚愕した。被害者の中には10年以上も我が子と会えていない親が何人もいた。

実はこの会合には前述の議題とは別に副題もつけられていた。それは「共同親権で親子関係は取り戻せるのか？　国会で審議が始まろうとしている共同親権で会えない子どもに会えるのか？　子どもの連れ去りはなくなるのか？」というものだ。

この副題が付けられた理由が第二部の討論会で明らかになる。参加していた被害親の殆どの人が異口同音に「諸外国で認められている離婚後の共同親権を日本にも」というのだった。何年も我が子に会えない親が、共同親権さえあれば会えるのではないか、と淡い期待をもつ気持ちは痛いほど分かる。単独親権の理不尽さを被害親のＳ氏は次のように言う。

「日本では、親権が無くなることは親として認められなくなるということです。養育費の支払い時には親だからと言われるのに、保育園、学校行事に親として参加を望んでも拒絶される。（子どもと同居する親権者の親の許可を求められるのです」

こうした意見とは別に、自身も二人の男児を妻に連れ去られた被害親のＨ氏は次のように指摘する。

「単独親権だから実子誘拐が起きるのではなく、実子誘拐をしなければ裁判所と弁護士により我が子と縁切りされるから実子誘拐が起こるのだ。現状でも離婚前の親権者が我が子に会えない裁判所の対応を無視した上での離婚後の共同親権は意味がない」

「偏向思想の団体は実子誘拐問題の解決方法として共同親権を導入することで、その先に夫婦別姓、戸籍制度の廃止などの家族破壊制度の導入を目論んでいる」

旧民法では、家の存続を重視する観点から母親が家を出た場合には親権を喪失していた。しかし、現民法では父母の親権の平等化という観点から、民法第８１９条では、離婚の場合には、父母の一方を親権者と定めている。単独親権は家制度の延長線上にあるものだと思えば、諸外国が共同親権だから、日本も共同親権にすべきだと軽々しく考えるものではないのではないか。共同親権により個々の親に親権が与えられれば、子どもは家の跡継ぎであり家族の宝であるという考えもいずれは喪失し、家族制度が破壊に向かうのも目に見えている。「親権さえあれば」と淡い期待を寄せる被害親の気持ちは痛いほど分かるが、家族制度存続、そして二親揃った家族の元で育つのが子どもにとって最善の利益であることを考えた時、共同親権が「連れ去り被害」の解決策とは思えない。

共同親権、単独親権を議論する前に、親権の意味を知っておくべきだ。民法第820条には「親権を行う者は、子の監護および教育をする権利を有し、義務を負う」とある。要するに、親権とは多くの親が勘違いしているような「子どもへの支配権」ではなく、「子どもの最大限の利益のために親が行使すべき義務」と捉えるべきである。スイスでは「たとえ単独親権であっても、子どもには親権を持たない親と定期的に面会し良好な関係を続けていく権利がある」とまで言っている。

こう考えてみると、親権欲しさに我が子を連れ去り、我が子から片親を奪い去るような行為が子の利益に価するとは思えず、明らかに子どもの権利を侵害している。こうした連れ去り親はすでに子を連れ去った時点で親権適任者とは言えない、ということだ。

現在は3組に1組の夫婦が離婚する時代と言われている。離婚後の親権を議論するより先に、まずこうした昨今の安易な離婚の風潮にもっと警鐘を鳴らすべきだ。親の身勝手な親権争いより、まず離婚が子どもに与える悪影響を考慮する必要があるのではないか。

手元に2000年に出版された「離婚の負の遺産（The Unexpected Legacy of Divorce）」という本がある。1971年から25年間にわたって、離婚家庭の子ども131人を追跡調査した記録である。そこには、離婚が子どもに与える影響が詳細に綴られてある。離婚の影響は離婚当初のみならず、子どもが大人になっても影を引き、一生を台無しにすることもあるという。まさに子どもにとって離婚は負の遺産といえる。下記に調査結果のいくつかを紹介する。

・離婚は子どもの発達段階毎に異なる、様々な体験を子どもに強いる。思春期前の子どもは離婚後、親に見捨てられるのを恐れる一方で親の離婚に憤りを感じている。こうした子どもたちには思春期が早くやってきて、早過ぎる性行為や高い率での飲酒、薬物使用に繋がる。
・二親揃った家族の子ども達は夫婦関係を継続するにはお互いの要求を満たして自己犠牲が求められることを理解して育つが、そうした経験のない離婚家族の子どもは異性との関係構築方法が分からず、その挙げ句問題行動のある異性と関係したり、常に見捨てられることを恐れたりし、たとえ付き合ったとしても自分たちの関係に急に終止符が打たれるのを常に恐れている。
・離婚家族の子どもが大人になったとき、いつでも解消できる同棲はしても、40％の人が一度も結婚しない道を選ぶ。離婚家族の子どもは、夫婦間の問題解決方法を見ないで育っているので、たとえ結婚しても問題が起きるとすぐ離婚してしまう。
・二親揃った子どもにとっては、家族は先祖から子孫へと繋がる継続性の象徴であるが、離婚家族の子どもには継続性の意識がないから、子どもをもちたいという欲望も余りない。

・離婚家族の女児の中に、まれではあるがその後結婚して幸せな結婚生活を続けている子どもがいるが、彼女たちに共通しているのは、絶えず注意を払い気に掛けてくれた父親の存在があるという。たとえ一緒に暮らしていなくても、娘と父親の深い絆と良好な関係が、娘が伴侶を選ぶときの選択に良い影響を与える。

離婚家族の子どもには結婚に期待する気持ちもなく、結婚は失敗に終わるものであるという思いが強く、こうした子ども達にとって家族とは過去に失ってしまったものの象徴でしかない、と著者のジュディス・ワラースタイン博士は言う。要するに、離婚するということは結婚しないか、結婚しても離婚するであろう子ども達を大量生産しているということだ。さらには、父親の存在を軽視して、いとも簡単に離婚する母親が多いなか、娘と父親の良好な関係がその後の娘の人生にとっていかに重要であるかも指摘している。

こうした調査結果を元に、著者は親、社会、裁判所に対して次のような助言をしている。

まず親に対しては、「離婚後の生活がどんなものであるか現実的に考慮して、決して一時の感情に駆られて行動してはならない」。

そして社会に対しては、「離婚を考慮している夫婦に対して、面会交流や共同親権、共同養育に伴う種々の問題点を教え、離婚や再婚に伴う子育ての課題に対処できるような教育を施す」。

最後に裁判所に対しては次にように助言している。「発達段階毎に子どもが何を必要としているかには違いがあることに留意すること。面会交流も柔軟性をもたせ子どもの発達に伴って見直すべきである。18歳になるまで、柔軟性のない裁判所命令による面会交流や共同養育に縛られた子ども達は、こうした裁判所命令に従った親たちをも拒否するようになる」。さらには、裁判所の方針や慣行にはそれを検証する制度が必要だとも指摘している。

共同親権に関しても興味深い指摘がある。「共同親権は子どもと過ごす親の時間に焦点を当てるだけで、子どもの性格、成長速度を考慮していない。親と過ごす時間が子どもの家庭内、学校、社会における心理的適応に良いという統計は出ていない。共同親権が成功するには、親の精神状態、親子関係の質、親同士の協力関係、子どもの歳や性格、および父母それぞれの家での子どもの日課が共通しているかどうか、などが挙げられる」。

こうした共同親権の複雑さや離婚が子どもに与える悪影響を考えた時、今、国会で審議すべきは「共同親権か単独親権か」といった些末な問題ではない。いかに離婚を減らして、危機にある家族制度を守るのか、そのために行政や司法、そして立法府に何ができるのか。前述したアメリカの研究結果を真摯に受け止めて早急に対処して欲しい。子どもの未来なくして日本の未来はないのだから。

最後に、これもアメリカで出された興味深い統計を紹介して筆を置く。

・64％―不幸せな結婚生活にかかわらず離婚や別居をしなかった夫婦が5年後に幸せになっている率

・19％―不幸せな結婚生活に終止符を打って離婚または別居して5年後に幸せな再婚をした率
・78％―「非常に不幸な結婚生活」でありながら、離婚しなかった夫婦が5年後に幸せになった率
（参照文献：Does Divorce Make People Happy?（離婚で幸せになれたのか）、Institute of American Value, 2002）

（「祖国と青年」令和元年5月号）

「共同親権」ではなく「共同養育」の導入を

我が子を配偶者に連れ去られて何年も会えなくなった親たち（連れ去り被害者）が、最近「共同親権」の導入をしきりに叫んでいる。それに呼応するかのように、法務省は共同親権の導入の是非を検討するために離婚後の親権制度や子どもの養育のあり方について24か国を対象とした調査を外務省に依頼した。

しかし、こうした「共同親権」への流れに疑問を抱く「連れ去り被害者」も少数ではあるが存在する。その一人であるB氏は言う。「子供を連れ去られた当事者の多くは共同親権を念仏のように唱えて、それが実現すれば自動的に子どもが帰ってくると信じている者がたくさんいます。しかし、そもそも離婚前で共同親権状態であっても子供を連れ去られれば会えなくなるのであり、子供の連れ去りを禁止したり親子の引き離しを禁止したりすることなく共同親権にされたところで無意味です」。

別の被害者A氏は２０１１年に元妻に一人娘を連れ去られ、その後２０１５年には正式離婚しているが、離婚前も離婚後も一人娘には会えていない。元妻が行政に虚偽ＤＶで支援措置を出し住所を秘

叶わなかった。

匿したからだ。その後、探し当てたもののＤＶ加害者というレッテルを貼られたがために会うことは叶わなかった。

さらに不条理なのは裁判所の判断だ。夫婦仲が悪い場合は片親が連れ去ってもそれは子供の利益になると判断され、それを不条理に思う連れ去られた側の親がわが子を連れ去るのは「継続性の原則」に反するから子供の利益にならないと判断される。連れ去った親が無罪放免で、連れ去られた親には為す術もないのが現状だ。こんなバカな話はない。子供の利益というけれども、親の都合で無理矢理片親と引き離された子供がどれだけ苦しみ、その後の成長過程にどんな悪影響を与えるかといった考慮が裁判所の判断には微塵も感じられない。

なかには元配偶者に親権を取られ、月一回数時間の面会交流しかできない親もいる。この月数時間の面会交流でさえ、相手側の都合で勝手にキャンセルされることもあるという。こうした親が、もし自分にも親権があればもっと自由に子供に会えるのではないか、と思うのは無理からぬ親心である。しかし、単独親権を共同親権にすることがこうした「連れ去り被害」を無くし、「面会交流」を増やすことに繋がるのだろうか。

もともと日本が単独親権なのは、それが離婚の抑止力になり家制度を守るからだと言われている。それが証拠に「家制度」がある限り男女平等は達成できないと頑なに信じているフェミニスト達は、事実婚の増加とその後の選択的夫婦別姓制度への道をも視野に入れて「共同親権」導入に躍起になっていると漏れ聞こえてくる。親権が得られないからと事実婚ではなく法律婚を選択し、親権を失うからと離婚を思いとどまっていた親も、共同親権によりそのたがが緩み今まで以上に離婚や事実婚が増えるのは火を見るより明らかだ。

日本に馴染みのない「共同親権」導入に躍起になる前に、「単独親権」で日本の家制度を残し、その上で万が一離婚になっても子供の利益と、両親と子供の関わりが最大限保証される制度を模索するのが政府の勤めではないのか。離婚時にそれぞれの親と子供との関係を保持することに尽力しているアメリカの事例を参考にしたい。

一言で「親権」と言うが、その意味するところは各国違う。ちなみに日本では一般的に「法律上の父母が未成年の子に対して持つ権利・義務」と解釈され、民法では親権の効力として「監護教育の権利義務、居所指定権、懲戒権、職業許可権、財産管理権」を挙げている。その一方、アメリカの場合、「親権」は主に「法的親権」と「身体的（物理的）親権」の二種類に分けられる。前者は子供の教育、宗教、医療に関する決定権で、後者は子供を監護養育する権利だ。この両者が共同親権になることは少なく、前者はほとんどの場合に共同親権でも後者は単独親権になる場合が一般的だという。日本のように親権を子供に対する権利と解釈しその意味合いが広範なのに対し、アメリカでは親権を決定権と監護権に分けているということが言える。

それでは「親権」の決定はどのようになされるのだろうか。日本では離婚した場合は父母の協議で親権者を決めるか、裁判上の離婚の場合は裁判所が親権を定めることになっているが、前述したようにこの裁判所決定には問題が多く、ほとんどの場合が前例に則って「継続性の原則」を基準に決められることが多い。その反面、アメリカの場合も夫婦間の協議で決められない場合は、家庭裁判所が親権を決定するが、その場合の親権の条件は多岐にわたる。下記がアメリカにおける主な親権の条件だ。

・子供の年齢と「継続性の原則」
・それぞれの親の願いと親の性格
・子供の希望と、子供とそれぞれの親との関係
・子供と親の精神的、身体的健康状態
・フレンドリーペアレントルール
・今までの養育環境と今後の養育環境
・DVの有無
・虚偽DVの有無

「フレンドリーペアレントルール」とは相手親と子供との関係をどれだけ支援するかということで、親権のあるなしに関わらず、どちらの親ももう一方の親と子供との関係を阻害することは許されないとしている。そして相手親に対して寛容な「面会交流」を与える親を親権適任者としている。

さらに興味深いのは「虚偽DV」を提唱した親を親権不適者としている点である。DVをする親が親権を与えられないのは当然のことであるが、日本の現状はこれを逆手にとって片親が「DV被害」

を理由に子供を連れ去り、その後は「継続性の原則」を理由に子供の親権を取るやり方が離婚弁護士によって指南されている。その挙げ句、「連れ去られた親」は泣き寝入りするか、中には子供に会えない苦しみから自暴自棄になり自殺する親も少なくないと聞く。

こうしたことから、まず着手すべきは「継続性の原則」を安易に適用できないように「連れ去り」を「実子誘拐罪」と見做し、これを禁止する法律を作ることだ。誘拐行為を冒した親に親権が与えられないことはいうまでもない。さらに、離婚の過程で「虚偽ＤＶ」を提唱した親にも親権を渡すべきではない。親権決定に関しても、父母間で親権の合意が出来ない場合、裁判官はアメリカの事例を見習ってあらゆる条件を考慮して親権の決定をなすべきである。

こうした多岐にわたる親権決定の考慮に加えて、アメリカでは離婚夫婦は養育計画書を作成して裁判所に提出する。裁判所は計画書が一方の親に不利でないことを確認して許可する。一端許可された計画書は法的拘束力のある裁判所命令になるので、同居親の都合で面会をキャンセルすることもできなくなる。このようにアメリカでは双方の親に対して公正かつ平等であろうと努めている。日本の司法も見習うべきだ。

今、求められるのは「共同親権」か「単独親権」かの議論ではなく、現状での不平等な制度を一つ一つ見直すことではなかろうか。

衆議院議員の串田氏は国会の場でもしきりにこの「共同親権」を提唱している。今年の2月25日に行われた衆議院予算委員会国会質疑の場で、串田議員は国連児童権利条約7条で「父母によって養育される権利」、そして18条で「児童の養育および発達について父母が共同の責任を有する」と規定されているにも関わらず離婚後「共同親権」が認められないのは約束違反であると主張している。しかし、この二つの条文はあくまで「父母による養育」を規定しているに過ぎず「父母による養育」=「共同親権」と結論づけるのは余りに短絡過ぎる。

アメリカの例で言うと「身体的共同親権」と言われるものがこの「父母による養育」すなわち「共同養育」の考えに匹敵する。身体的共同親権の定義は州によっても若干差があり、父母間の養育時間が同等であるべきという州もあれば、「両親が子供と頻繁に十分な時間を過ごせること」と定義している州もある。仲の悪い父母の間を行ったり来たりするのは子供に悪影響を与えストレスになるという考えや物理的な困難さから、現在この身体的共同親権の実施は2割弱である。しかし、身体的親権がない別居親でも、子供との十分な面会交流が保証されているのが日本と異なる点である。別居親には平日の半ばに子供と会える時間が確保できたり、休日や週末には子供が泊まり込みで来たりしている。いわゆる広義の「共同養育」を子供は享受しているのであり、父母は共同で養育責任を果たしていると言えるのである。

昨今のアメリカでは両親によるこの「共同養育」をさらに推し進めようと、離婚後も出来るだけ両親と接することが子供の健康や健全な発達にとって欠かせないとする専門家も多い。インスティテュート・オブ・ファミリースタディーズは「両親間の高葛藤による子供への悪影響より、共同養育による子供への好影響の方がはるかに大きい」と言っている。

また、州毎の共同養育の実態を調査しているナショナル・ペアレント・オーガニゼイションは、一人親家庭の子供が下記のような負の行動に占める驚くべき割合に言及して、離婚後の「共同養育」の重要性を指摘している。

・十代の自殺率—63％
・高校退学率—71％
・薬物依存率—75％
・問題行動を起こす率—85％
・収監される率—85％
・ホームレスになったり家出をしたりする率—90％

こうしたことからも「共同親権」にことさら拘るより、「共同養育」の道を模索すべきではなかろうか。民法第766条1項にも「父母が協議上の離婚をするときは、子の監護をすべき者その他監護について必要な事項は、その協議でこれを定める。協議が調わないとき、または協議をすることができないときは、家庭裁判所が、これを定める」とある。「単独親権」であっても、この条文に則って「共同養育」や「共同監護」の道は十分可能であると言える。

「単独親権」であれ「共同親権」であれ、全て大人の都合である。子供にとっては両親の離婚そのものがストレスになりその後の人生に重くのしかかることに変わりはない。両親の離婚によって傷つくのは子供であり、離婚後の特効薬などないということをまず親は認識すべきである。その上で、家制度存続のためにも「単独親権」を保持し、離婚後の子供の成長にとって悪影響を最小限に抑えるためにも両親との交流が存続できる「共同監護」の導入が期待される。

現状では「親権」を持つ親がまるでそれを「伝家の宝刀」のごとく振りかざして自分の権利を主張するが、それはおかしい。裁判所も社会も「親権」を失った途端、まるで親でなくなったような対応をするがそれもおかしい。実親は離婚しようがすまいが永久に実親であることに変わりはない。例え離婚しても、実親から「監護権」を剥奪するべきではない。親権は親の権利ではなく子供の健全な成長に対する義務であり責務であると考えるべきである。両親との関わりが子供の成長に欠かせないことを鑑みると、相手親と子供とを阻害させる親には親権を持つ資格はないと言える。

日本が児童権利条約違反をしているのは、日本が「単独親権」を採用しているからではなく、「連れ去られた」側の親が子供に会えなくても司法が介入することをせず、月一回数時間の面会交流でよしとするその慣習こそが条約違反なのである。

今、日本に求められているのは、家制度を脅かすかもしれない「共同親権」を認めることではなく、離婚後も別居親がいつでも我が子に会えるようなそうした体制作りである。政府には我が子に会えなくて悲嘆に暮れる親をこれ以上出さないために、是非とも叡智を結集してもらいたい。

（「祖国と青年」令和元年11月号）

連れ去りから離婚までのプロセス

弁護士　杉山程彦

我が国の離婚事件は、先に子どもを連れ去った側が圧倒的に有利になる。司法手続きを用いる場合、同居親は婚姻費用分担調停、離婚調停を、面会流調停は別居親が申し立てる事が多い。これらの調停が複数申し立てられた時は、裁判所は同じ期日で調停を行う。婚姻費用は双方の年収、子の人数に基づいて早期に確定する。しかし、面会交流については申し立てから半年以上の長期間を経てようやく試行面会が行われ、それから1～2カ月後に調査報告書ができる。それに基づいて面会交流がなされるも、相場は月1回日帰り面会である。さらに、頻度、1回当たりの時間、方法（監視をつける）等は同居親の意向が反映される。調停で合意できないと裁判所は審判をする。そこでの決定も月1回日帰り面会が相場である。既成事実として、審判が下されるまでどのような頻度と方法で面会を行ったかが重要で、それを踏襲した内容の審判になる事が多い。片親疎外等（ただし裁判所調査官は片親疎外と認定はしない）で子どもが会いたくないと言うと面会はゼロに。そのため配偶者に子どもを会わせたくない同居親は、調停中は極力会わせず、会わせるにしても第三者機関の立ち合い等を要求し、面会交流に不寛容な態度を取るのである。審判が下されても、初回の審判で面会させない場合に金銭の支払を命じる間接強制可能な内容になる事はまれである。面会を認めるが執行力のない審判が出ても、結局は会えない別居親も多い。

連れ去りから離婚までのフローチャート

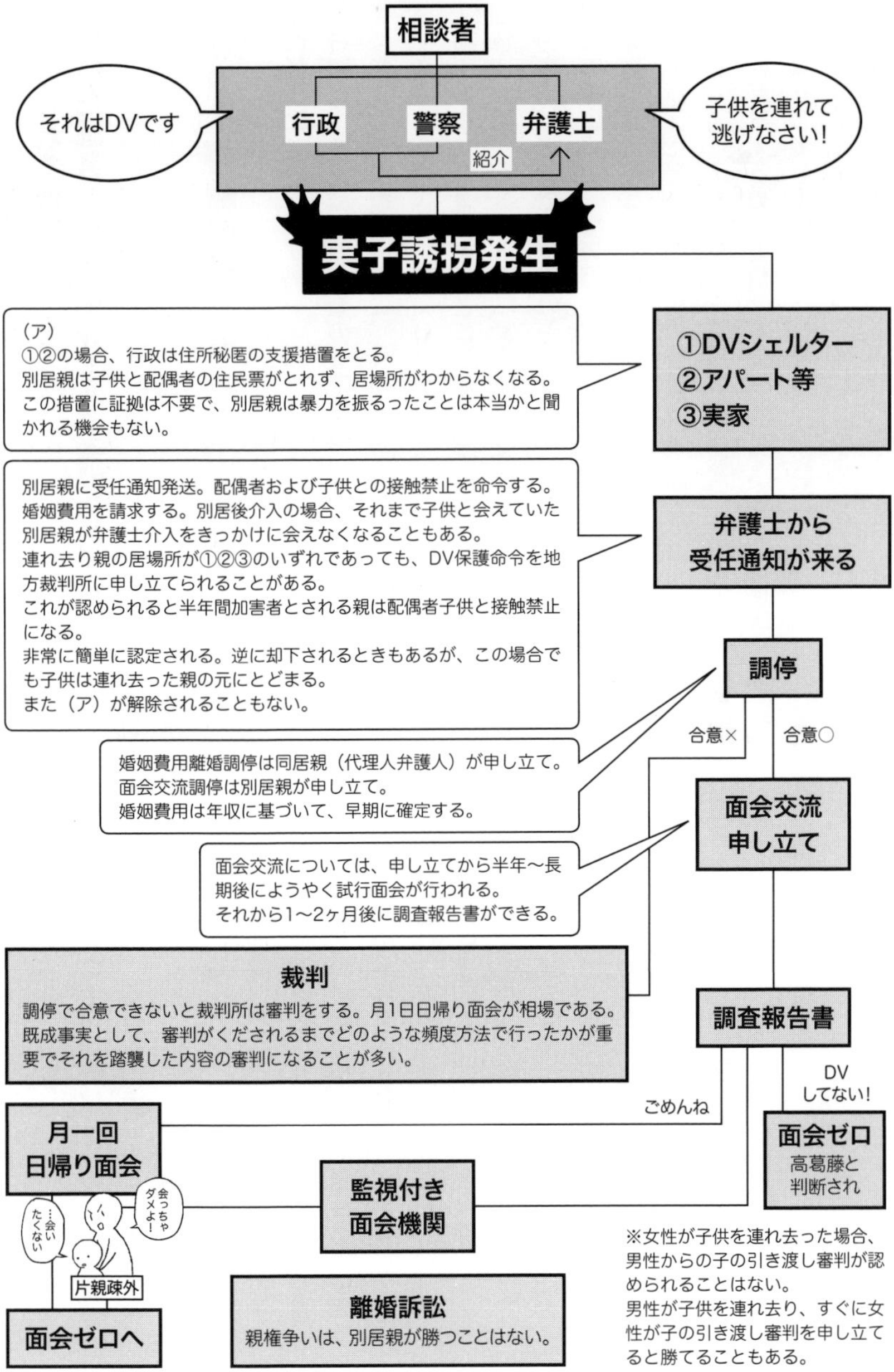
相談者
それはDVです
行政
警察
弁護士
紹介
子供を連れて逃げなさい!
実子誘拐発生
(ア)
①②の場合、行政は住所秘匿の支援措置をとる。
別居親は子供と配偶者の住民票がとれず、居場所がわからなくなる。

この措置に証拠は不要で、別居親は暴力を振るったことは本当かと聞かれる機会もない。
①DVシェルター
②アパート等
③実家
別居親に受任通知発送。配偶者および子供との接触禁止を命令する。
婚姻費用を請求する。別居後介入の場合、それまで子供と会えていた別居親が弁護士介入をきっかけに会えなくなることもある。
連れ去り親の居場所が①②③のいずれであっても、DV保護命令を地方裁判所に申し立てられることがある。
これが認められると半年間加害者とされる親は配偶者子供と接触禁止になる。
非常に簡単に認定される。逆に却下されるときもあるが、この場合でも子供は連れ去った親の元にとどまる。
また(ア)が解除されることもない。
弁護士から受任通知が来る
調停
合意×
合意○
婚姻費用離婚調停は同居親(代理人弁護人)が申し立て。
面会交流調停は別居親が申し立て。
婚姻費用は年収に基づいて、早期に確定する。
面会交流申し立て
面会交流については、申し立てから半年〜長期後にようやく試行面会が行われる。
それから1〜2ヶ月後に調査報告書ができる。
裁判
調停で合意できないと裁判所は審判をする。月1日日帰り面会が相場である。既成事実として、審判がくだされるまでどのような頻度方法で行ったかが重要でそれを踏襲した内容の審判になることが多い。
調査報告書
ごめんね
DV
してない!
面会ゼロ
高葛藤と判断され
月一回
日帰り面会
会っちゃダメよ!
…会いたくない
片親疎外
監視付き面会機関
面会ゼロへ
離婚訴訟
親権争いは、別居親が勝つことはない。

※女性が子供を連れ去った場合、男性からの子の引き渡し審判が認められることはない。
男性が子供を連れ去り、すぐに女性が子の引き渡し審判を申し立てると勝てることもある。

シェルター体験者の声

様々寄せられる資料の中で、目を引いた証言を整え、紹介させて頂きます

シェルター経験のあるAさんの告発

【はじめに】

行政による家族分断政策の被害について。私は夫婦間で起こった揉め事の際に、夫による暴力から一時避難する為に、婦人相談所（DVシェルター）に母子で入所する事にしました。ところが、この施設は入所者に対しては、売春防止法による補導措置を行っているとの事で、まるで刑務所の受刑者のような拘束を含む様々な酷い扱いを受けてしまったのです。その為、私は体調不良を起こしてしまいました。この苦痛を施設職員に訴えたところ、施設の委託医は「保護したにもかかわらず、その施設による扱い方が悪いと施設のやり方に反抗するのは妄想である」として、私を精神疾患と診断してしまいました。更にその診断により「精神疾患の母による児童虐待の恐れがある」との理由で、児童相談所に通報されてしまい、子供が児童相談所に連れ去られてしまったのです。行政はこの様な保護と称して夫婦分断を図り、女性を囚人のように扱った挙げ句、精神医療を悪用して、更にその母親から子供を奪ってしまうという、男女共同参画が推進している「男女平等、女性の人権擁護」とは全く程遠い政策を行っております。私はそれらに対して、強く憤りを感じております。男女共同参画の推進で実施している事は、まるで特定思想の家族分断としか思えません。それ故私は、施設において不当な扱いを受けた上に、子供まで不当に取り上げられてしまった女性の当事者として、男女共同参画に基づいた特定思想的家族分断のあり方について告発させて頂けたらと思います。以下に、区役所の相談窓口と、婦人相談所（DVシェルター）の対応から入所施設内外において現実に起きている事実と、それらの問題点、及びこれらに対する私の疑問や心情等を記しました。

【区役所の相談窓口と婦人相談所】

■DVシェルターでの対応

区役所の相談窓口に行き相談内容を告げると、行き

先すら教えてもらえないまま、そのまま車で相談所に連れて行かれました。相談所では、女性（ＤＶ）相談として、日付入りでコンピュータ記載されました。そこでは夫婦話し合いの場所の斡旋等はなく、いきなり保護施設に連れて行かれました。保護施設では「ＤＶは治らないから」と、一方的に離婚を説得されました。更に、入所すると施設からの退所すら一切認めてもらえなくなりました。

【婦人相談所（ＤＶシェルター）】

■莫大な予算

婦人相談所（ＤＶシェルター）の宣伝公機関（市民センター等）、病院等の女子トイレに、ＤＶ相談電話番号を記載したカードが置いてあります。トイレットペーパーにも印字されており、莫大な予算が注がれています。

■人権無視の裸体検査

施設の方針は売春防止法で運営されており、麻薬、リストカット、痣確認を安全確認として行っています。その為、身体検査と称して、裸体検査をする施設もあるとの事です。女性支援を称しながらＤＶ被害者に対して酷い人権侵害を行っていると、憤りを感じております。

■誓約書

シェルターに入ると、「他の母子の安全を守る為」という理由で、ここに来た事や、ここでの事は他言しないと言う誓約書を書かされます。

■自由な生活の制限

監視カメラ付きの建物で、出入りすら許可なく出来ないよう決められている為、自由な外出も、人と会う事も制限されます。シェルターに勤めているのは全て女性で、男性職員は上司以外見る事は無い為、男性とのコミュニケーションは事実上禁止に近い状態となっています。携帯電話、所持金の保持すら認められず、お酒、刃物は持ち込み禁止、外出は交通機関の切符を使わない所以外は禁止とされています。

■子供の教育を受ける権利の制限と、母親の子育てをする権利の制限

子供は施設の保育所に強制的に預けられる他、一緒に外出したり、外にある普通の学校や幼稚園等に通う事が出来なくなります。このような制限を設けられると、母子共に更に心の傷を受けてしまいます。子供の健全な教育としても良くないように思っています。また、刑務所とも思われるような待遇と劣悪な環境により、精神を病んでしまう被害者も多く、女性の権利、子供の権利を侵害されてしまったと強く感じています。

■教育と啓蒙

『家庭モラル・ハラスメント』（熊谷早智子著）など、DV関連書籍が沢山保管されており、被害をテーマにした被害者と支援者間でのディベートの時間が設けられています。また、「酷いDVをよく耐えてきましたね」と、離婚や生活保護の手続きの仕方等の教育を受けます。（入所しているかどうかにかかわらず）女性相談所に相談に行くと、その度に面前DVによる児童虐待の説明を受けたり、離婚を勧められたり、親子分離や夫婦分離を説得されるようになります。もし、DV加害者とされている夫と復縁する旨を伝えると、子供に対しては面前DVという児童虐待になると責められます。更には、子供を児童相談所（養護施設）に入れると脅されます。また、実際に退所後に復縁した場合でも通報されてしまいます。

■居場所等の秘匿

支援措置を受けると、夫に居場所等が調べられないように、戸籍を取得したり、年金番号の末尾が変えられたりします。しかしながら、同時にこのような措置も、所在不明児童を存在させている一因ではないでしょうか。

■心理療法？

シェルターでは、元夫の似顔絵を描かされたり、生育歴、男性経験の聞き取りがなされます。しかしながら、被害者の心の傷の癒しになったとは到底思えません。意味の無い聞き取りは単なるプライバシーの侵害だと思います。

■問題点

●利権による貧困ビジネス化

男女共同参画に勤めていた当事者によると、ＤＶシェルターは民間運営の施設も多く、母子は暫定定員として空床の穴埋めにされ、貧困ビジネスの無料、或いは低額宿泊所のような扱いを受けると聞いております。

●母親の生活の自立を妨害

入所者は、生活保護によるアパートへの転宅をさせてもらえず、最低でもシェルターには一ヶ月は入れられてしまい、その為に仕事を失職して経済的に困窮してしまい、結果として自立した生活を妨害されています。

●子供の教育を受ける権利を侵害

一方で、子供は学校にも行けず、自習するしかなくなるし、出席日数が足りなくなったり等、様々な不利益を受けてしまいます。尚、児童相談所の一時保護所も同様の劣悪な環境であり、到底人権擁護施設とはいえません。

●母子の強制分離

シェルターにおける待遇や劣悪な環境により、母親が精神的に苦しい状況に追い込まれると、母親に対するケアを行う事もなく、子供を児童相談所に連れて行きます。

●家族再統合の妨害

これまで書かせて頂いたように、婦人相談所（役所の相談窓口や児童相談所も）は、夫婦の強制分離を始め、母子の強制分離を積極的に行い、更には母親（女性）から生活を自立させる機会を奪い、子供には将来の自立した生活の為の教育の機会を奪っています。この事は、本来の「家族の絆を取り戻す」という家族再統合に反しているように思います。

■最後に

本来であれば、ＤＶ加害者を刑事事件における暴行罪として逮捕出来るにもかかわらず、人権擁護として、ＤＶ防止法案、児童虐待防止法案と立法化した事が、家族制度の崩壊を促す要因だと思います。このような法律の制定と政策推進を行っているのが、男女共同参画であり、この法律と政策実施による児童相談所の虐待冤罪も、この日本では数多く起きています。国連からも勧告されていますが、家族を解体させ、無力にさせられているにもかかわらず、この事を訴える機関は日本にはありません。女性施設、児童養護施設の設立・運営には、土地絡みの利権化もあり、（中略）その為か、本来の当事者である弱者を救うものにはなっておりません。私の家庭だけではなく、日本の様々な家庭が破壊されてしまい、日本らしい日本が無くなってしまうのではないかと危惧しております。どうか家族を大事にしない行政の取り組みに警鐘を鳴らしてください。何卒よろしくお願いいたします。

シェルターに二度入ったことがあるBさんの証言

相談所に行くと、まず主人の勤め先を訊かれ、零細企業の場合は相手にされないが、大手企業や公務員、医者等の場合は力を入れる。そしてまず、熊谷早智子著の『家庭モラル・ハラスメント』を読まされ、陳述書等はこの書籍の中の表現そのもので書くよう指導され、次回相談所で開催される講演会に来るように言われる。講演会では、ジェンダー思想を徹底的に教え込まれ、子供はお父さんが怖い人であると教えられる。

その後シェルターに入ると、主人が今までしてきた事を書けと言われて、延々と紙に書かされ、「もしあなたが旦那の元に戻ったら、それは子供に対しては児童虐待になるので、その時は子供は児童相談所の施設に入れなければならない」と脅される。子供がシェルターに入っている間は学校にも行けず、ひたすら父親の悪口を書かされ、ここでも児童相談所同様、父親は怖い人と教えられる。こうして子供が書いたものは裁判でも使えるし、こういうものを父親に見せる事で父親はショックを受け、子供を諦めるようにする目的がある。

通常、シェルターに1ヶ月入れて、その後引っ越しさせ、子供を転校させるというのがマニュアル化されており、（中略）父親が子供に会いに行くと無条件で警察を呼ぶようだ。「父親が来て怖いからシェルターに入り、転校した」という実績を作ると、訴訟が有利になるから、呼ぶ必要も無いのに警察を呼んでおいて、

「子供を連れ去りに来て警察沙汰にされた」と言う。全ては離婚を有利に進める為の工作で、目的の為にはありとあらゆる手段を使い、子供を道具に使うのである。いかにも偏向思想に染まった弁護士が考えそうな事だ。

ＤＶシェルターは民間であり、収容人数に応じてお金が行政から支給されるので、積極的に収容し、更に入所させて、何人離婚させたかで評価される為、何が何でも離婚させる。シェルターでの事は一切他言しないと言う誓約書を書かされる。誓約書は金庫に保管される。このような所業が表に出たら都合が悪いのであろうか。

ブログでシェルターの体験を綴ったCさん

彼氏が出来たので、離婚を有利に進めたいからシェルターに入った。
（シェルターに入った後）書類に主人から受けたＤＶを書くように言われ、「暴力はなかった」と言ったところ、「暴力や暴言だけではなくて、あなたが嫌だなと思った事は全部ＤＶなのよ」と言われた。

「子供の連れ去り問題」について各省庁に聞いてみた！
Q1 DV対策における国や行政の基本方針は何ですか？限界点、問題点、改善点はありますか？
法務省
法務省としては、司法の判断に委ねる
当室が見解を述べる立場にはございませんので内閣府男女共同参画局等の関係省庁にお問い合わせください
外務省
厚労省
基本方針は婦人保護の観点からDV被害者を一時保護をしている
問題点はまだまだメンタルケアが足りていないと考えている
改善点は例えば保護先で携帯電話が使えないなど不便な点がある
支援改善をしなければと考えている

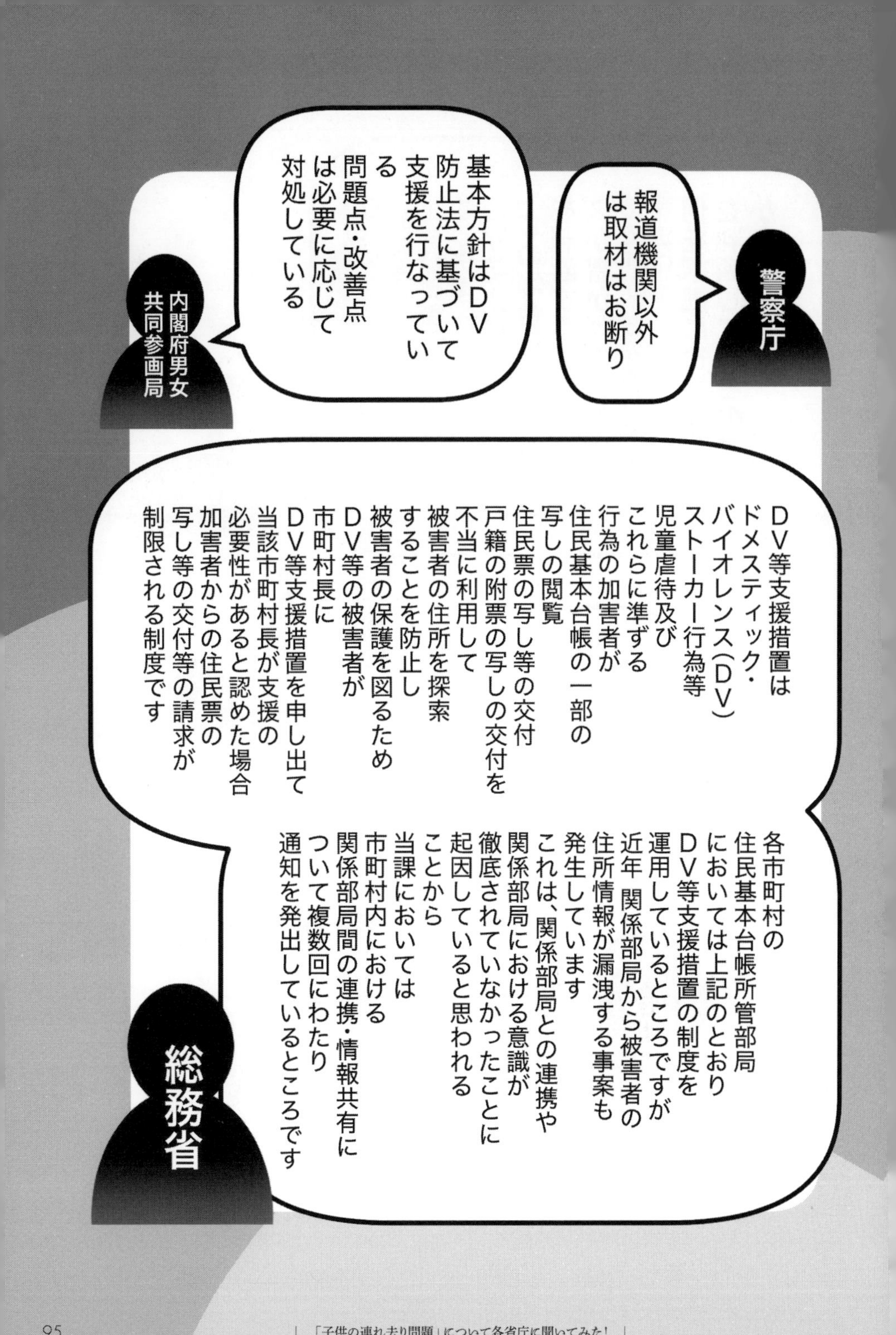
警察庁
報道機関以外は取材はお断り
内閣府男女共同参画局
基本方針はDV防止法に基づいて支援を行なっている
問題点・改善点は必要に応じて対処している
総務省
DV等支援措置はドメスティック・バイオレンス(DV)ストーカー行為等児童虐待及びこれらに準ずる行為の加害者が住民基本台帳の一部の写しの閲覧住民票の写し等の交付戸籍の附票の写しの交付を不当に利用して被害者の住所を探索することを防止し被害者の保護を図るためDV等の被害者が市町村長にDV等支援措置を申し出て当該市町村長が支援の必要性があると認めた場合加害者からの住民票の写し等の交付等の請求が制限される制度です
各市町村の住民基本台帳所管部局においては上記のとおりDV等支援措置の制度を運用しているところですが近年 関係部局から被害者の住所情報が漏洩する事案も発生しています
これは、関係部局との連携や関係部局における意識が徹底されていなかったことに起因していると思われることから当課においては市町村内における関係部局間の連携・情報共有について複数回にわたり通知を発出しているところです

Q2 「配偶者からの暴力の防止及び被害者の保護等に関する法律」いわゆるDV防止法には「この場合はDVか否か」を判断する機関やプロセスが書かれていないのですが、政府や行政又は司法は何を根拠にDVかどうかを判断しているのですか？
総務省
当課で所管していないことからお答えする立場にありません
警察庁
報道機関以外は取材はお断り
厚労省
本人の相談や訴えに基づいて支援をしている相談や訴えは疑わないし今のやり方で問題はないと考えている

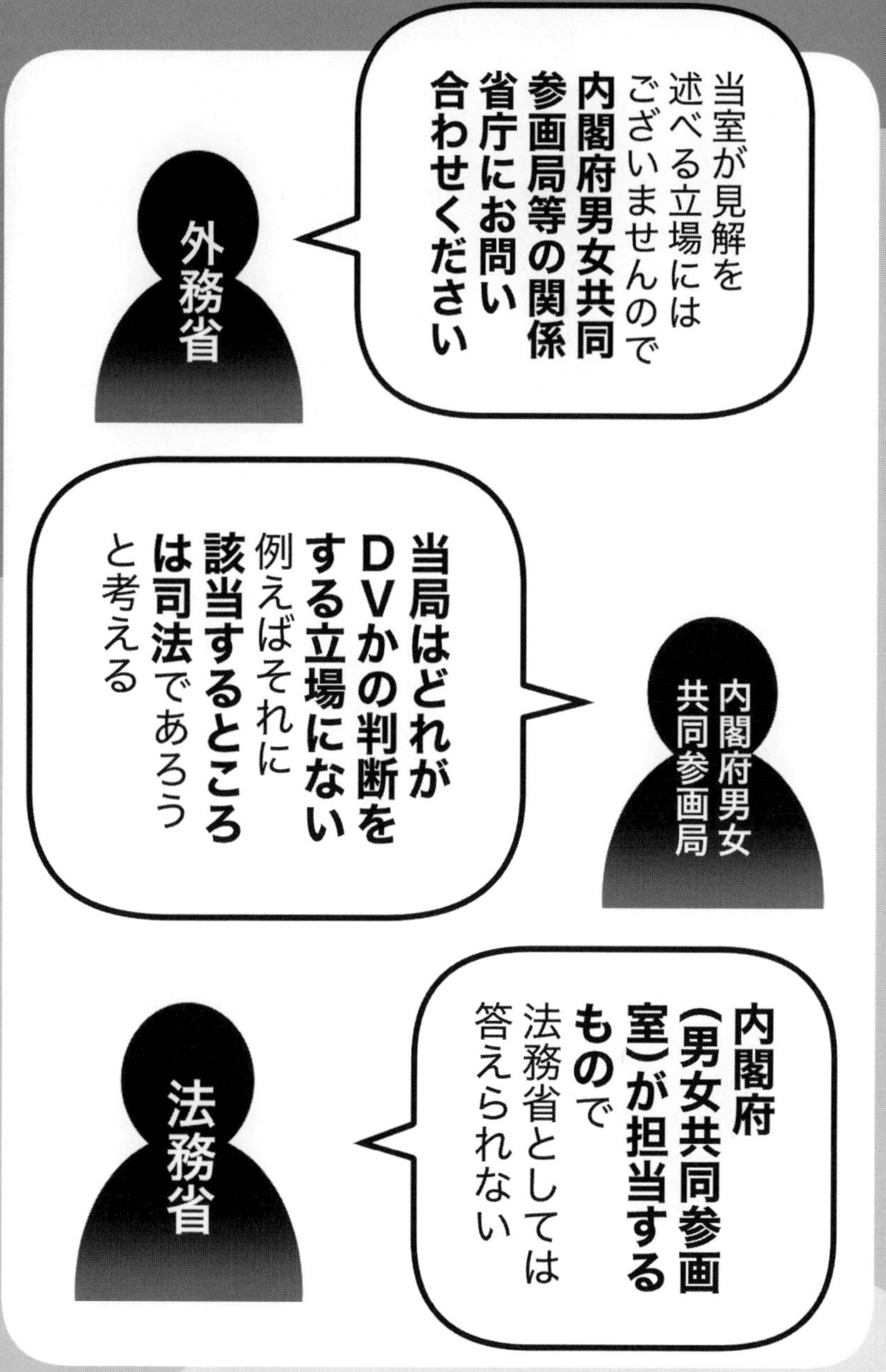
外務省
当室が見解を述べる立場にはございませんので内閣府男女共同参画局等の関係省庁にお問い合わせください
内閣府男女共同参画局
当局はどれがDVかの判断をする立場にない例えばそれに該当するところは司法であろうと考える
法務省
内閣府(男女共同参画室)が担当するもので法務省としては答えられない

Q3 弁護士による通信遮断はいわゆるDV防止法の保護命令での居所秘匿措置の一つと考えられますが裁判所が出す保護命令以外(行政の支援措置)における通信遮断の法的根拠は何だと考えますか？
厚労省
DV防止法第3章の一時保護に基づいている一時保護は特に期間を定めていないが通常は2週間程度中長期的な一時保護の場合は婦人保護施設(女性用シェルター)に判断を委ねている
法務省
DV防止法は内閣府(男女共同参画室)が担当するもので法務省としては答えられない

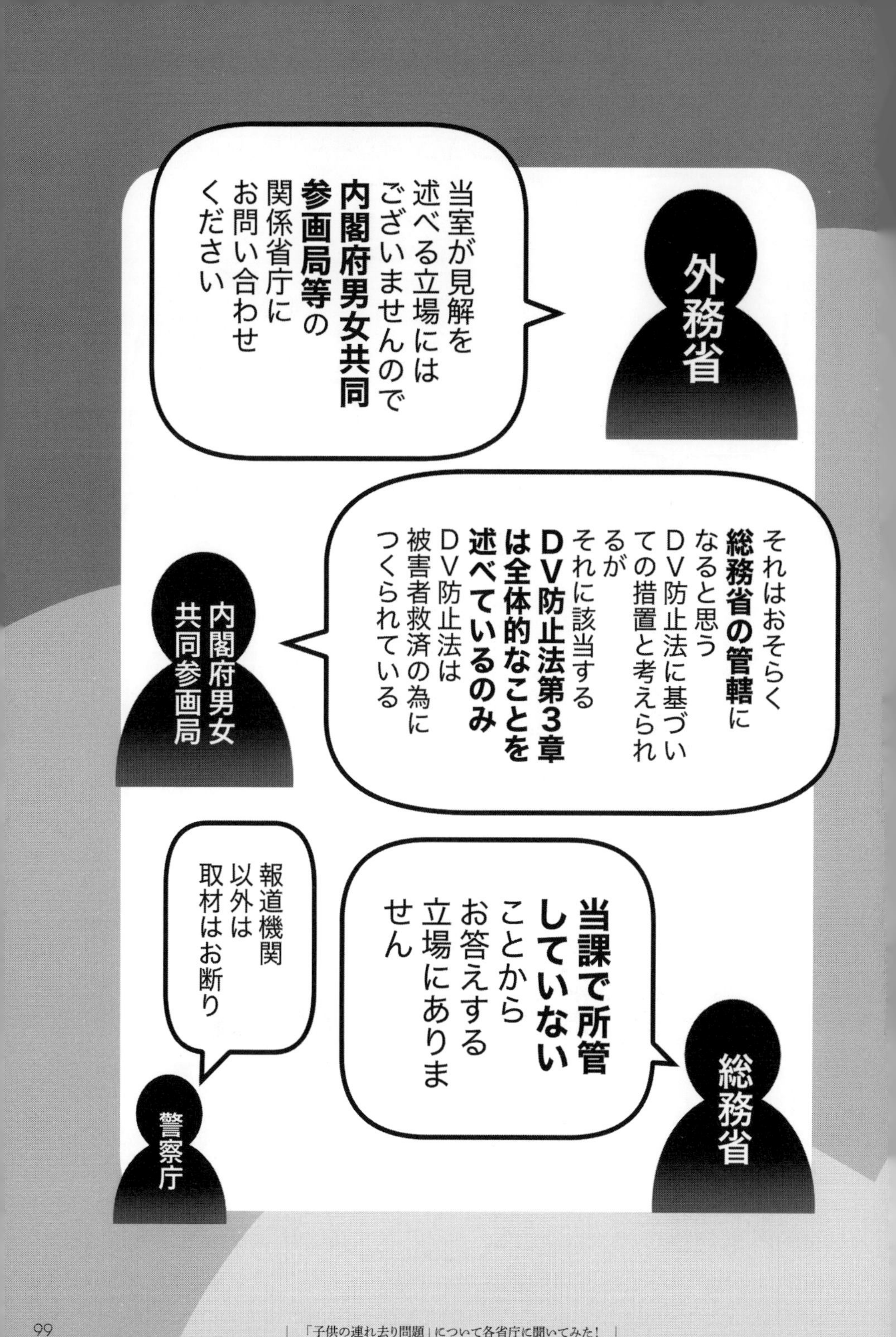
外務省
当室が見解を述べる立場にはございませんので内閣府男女共同参画局等の関係省庁にお問い合わせください
内閣府男女共同参画局
それはおそらく総務省の管轄になると思うDV防止法に基づいての措置と考えられるがそれに該当するDV防止法第3章は全体的なことを述べているのみDV防止法は被害者救済の為につくられている
総務省
当課で所管していないことからお答えする立場にありません
警察庁
報道機関以外は取材はお断り

Q4 虚偽DVを含む「子どもの連れ去り」の問題の本質は何だと思いますか？
法務省としては一定の答えを有していない
法務省
夫婦間の問題なので国としてコメントは出来ない
厚労省
当室が見解を述べる立場にはございませんので内閣府男女共同参画局等の関係省庁にお問い合わせください
外務省
当局は一定の見解を有していない
内閣府男女共同参画局

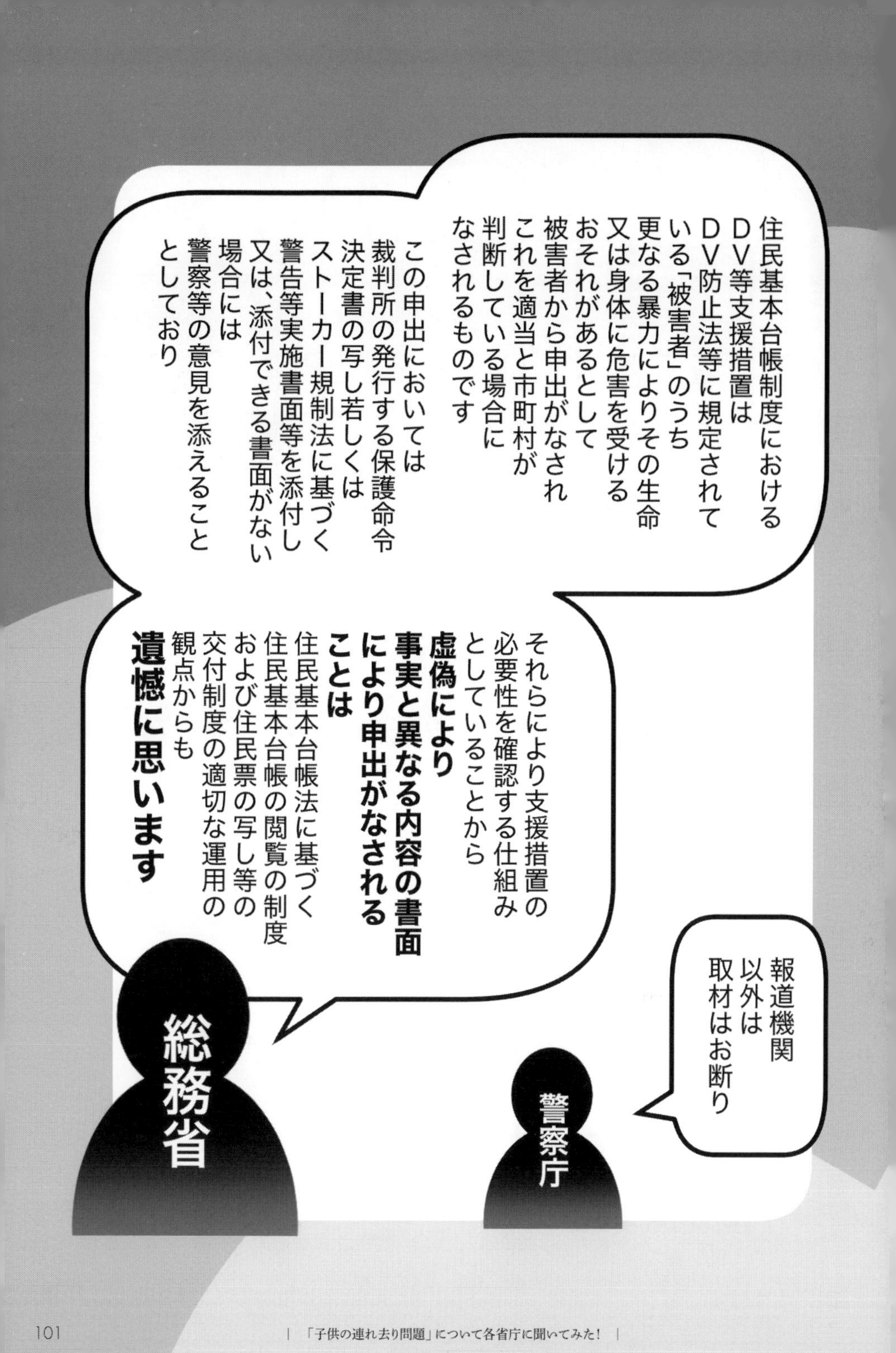
住民基本台帳制度における
DV等支援措置は
DV防止法等に規定されて
いる「被害者」のうち
更なる暴力によりその生命
又は身体に危害を受ける
おそれがあるとして
被害者から申出がなされ
これを適当と市町村が
判断している場合に
なされるものです
この申出においては
裁判所の発行する保護命令
決定書の写し若しくは
ストーカー規制法に基づく
警告等実施書面等を添付し
又は、添付できる書面がない
場合には
警察等の意見を添えること
としており
それらにより支援措置の
必要性を確認する仕組み
としていることから
虚偽により
事実と異なる内容の書面
により申出がなされる
ことは
住民基本台帳法に基づく
住民基本台帳の閲覧の制度
および住民票の写し等の
交付制度の適切な運用の
観点からも
遺憾に思います
総務省
報道機関
以外は
取材はお断り
警察庁

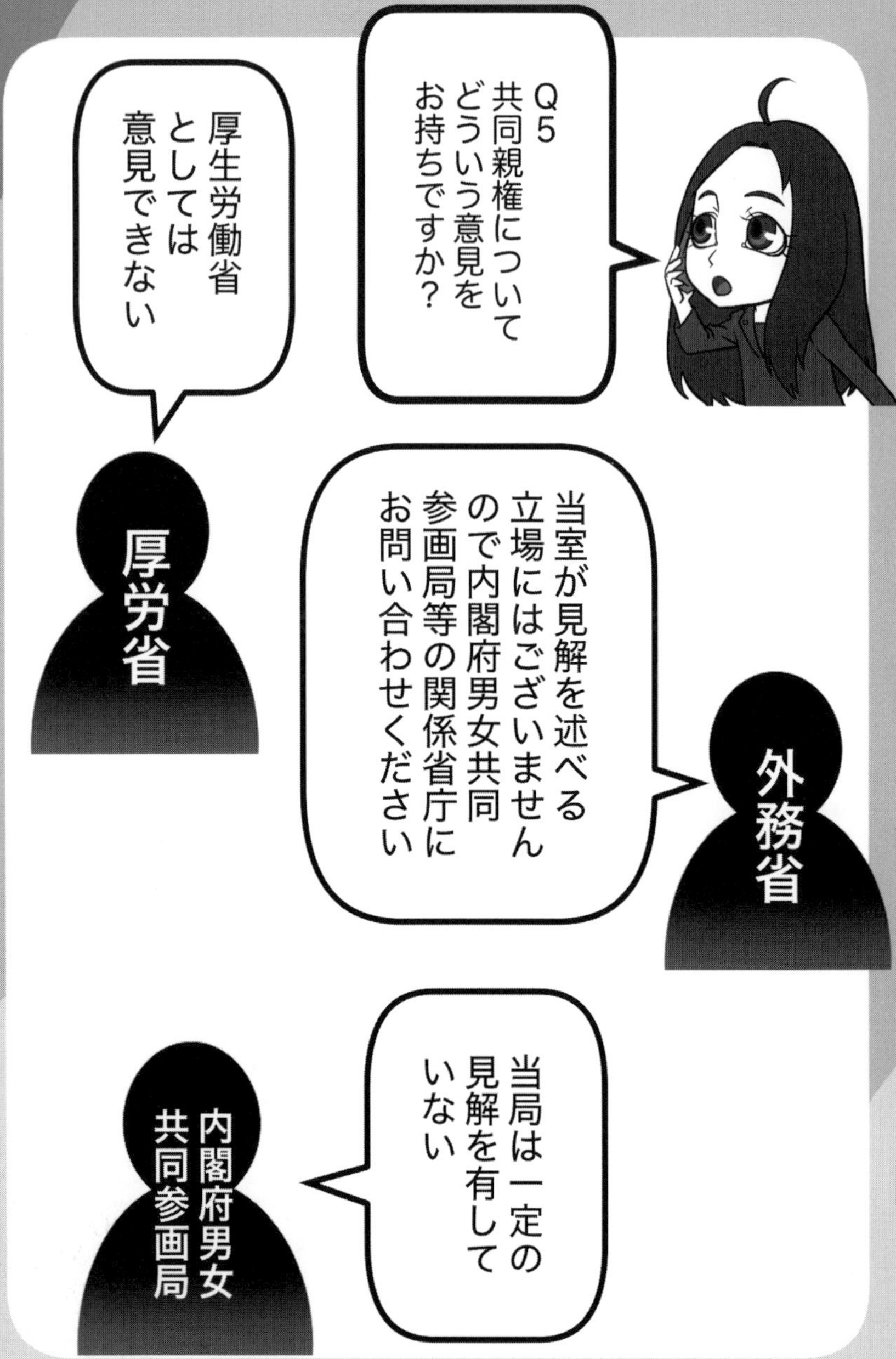
Q5
共同親権について
どういう意見を
お持ちですか？
厚生労働省
としては
意見できない
厚労省
当室が見解を述べる
立場にはございません
ので内閣府男女共同
参画局等の関係省庁に
お問い合わせください
外務省
当局は一定の
見解を有して
いない
内閣府男女
共同参画局

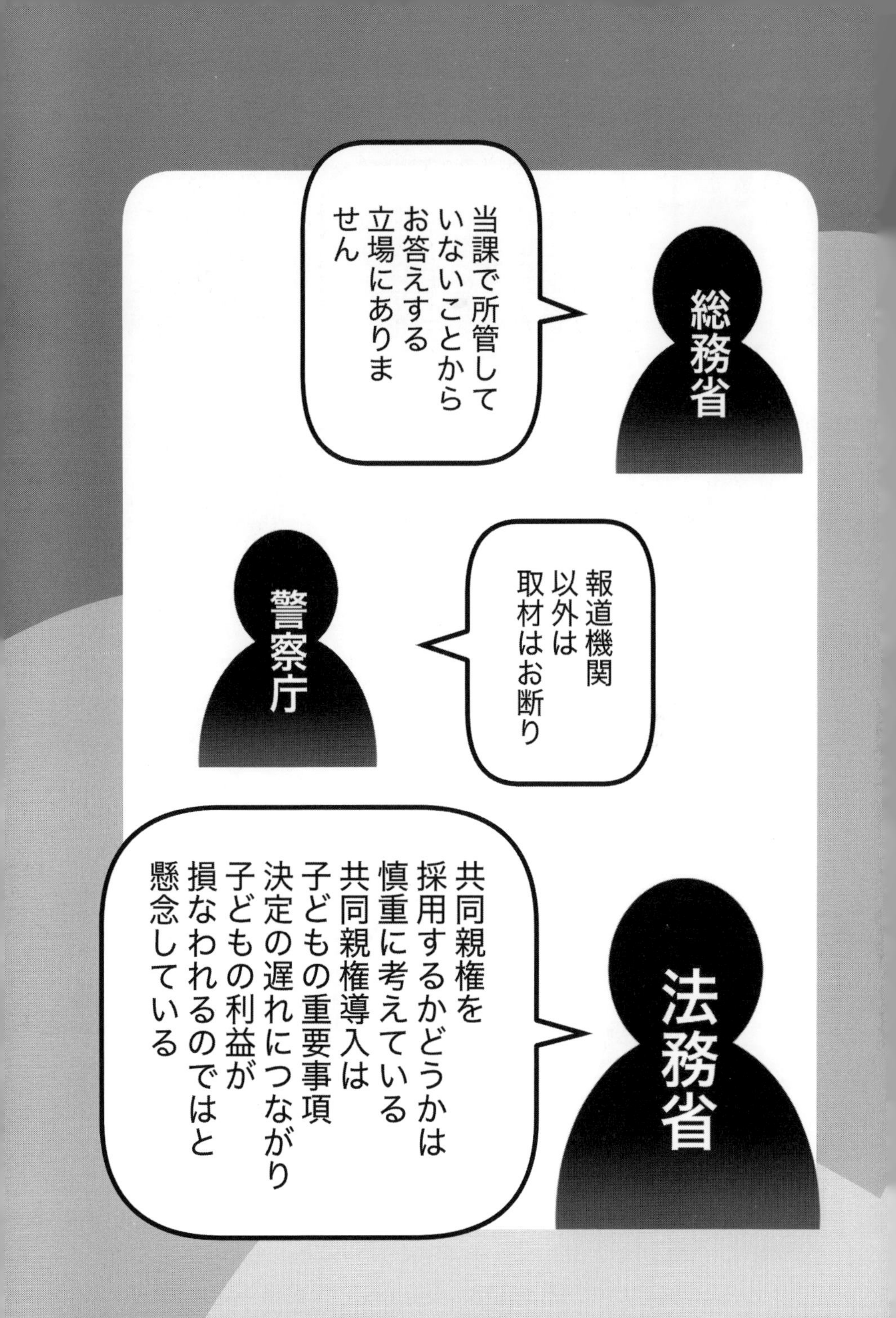
総務省
当課で所管していないことからお答えする立場にありません
警察庁
報道機関以外は取材はお断り
法務省
共同親権を採用するかどうかは慎重に考えている共同親権導入は子どもの重要事項決定の遅れにつながり子どもの利益が損なわれるのではと懸念している

Q6
虚偽DVを含む
「子どもの連れ去り問題」
の解決に
省庁として何ができると
思いますか?
また 調査権をどの様に
使いますか?
内閣府男女共同参画局
当局は一定の見解を有していない
法務省
法務省としては特にやれることはない
と考えている
司法の判断に委ねる共同親権の各国への調査は外務省に委託している
外務省
ハーグ条約上の中央当局である外務省としては国際的な子の奪取に関する民事上の側面に関する条約の実施に関する法律に基づき他の条約締約国の中央当局等の関係機関と緊密に連携しハーグ条約の着実な実施に努めております
具体的には子の連れ去り問題を友好的に解決するため当事者間の連絡・調整を行っているほか当事者間のあっせんを行う裁判外紛争解決手続(ADR)機関の利用に関する支援等を行っています

厚労省
本人の申し出による支援を行うということ以外は申し上げることはない
警察庁
報道機関以外は取材はお断り
Q4でお答えした事務の中において**市町村長は申出の内容や支援措置の必要性に疑義が生じた場合は申出者及び申出者の意見を聴取した警察等や実施書面等の発出元に問い合わせすることは可能である**と考えます
また、実際に虚偽DVの事案が生じた際にDV等支援措置において各市町村長が取り組むべき対応について周知等する必要が生じた場合には適切に助言等してまいりたいと考えています
総務省

各省庁の皆さまご協力ありがとうございました！

船井総研

「離婚分野を伸ばしたい弁護士必見！離婚案件を増やす方法」!!

2019年6月に次の画像がインターネット上に投稿され話題を呼んだ。画像は「離婚分野を伸ばしたい弁護士必見！　離婚案件を増やす方法」として、セミナー開催を広告し、参加者を募るものであった。画像はどうやらダイレクトメールで、弁護士資格を有する人材へ限定的に送られたものである事が推測できる。ついに弁護士業界は、何の悪びれもなく、離婚ビジネスを大々広告するようになったのだ。私はこのダイレクトメール画像に関心を持ち、今回の拙著にてこの件を取り上げる事にした。

しかし、人間社会の通常においても、片方の意見や情報しか採用しないのはアンフェアであり、偏った物の見方は、事を誤った方向に導く恐れがある。確かにこの画像はあまりにもショッキングではあるが、主催者には主催者なりの正当な理由があるのかもしれない。そこで、セミナーを主催する船井総合研究所（船井総研）に電話をし、取材を申し込んだ。

電話口でのやりとり

Q．どういう人を対象としたセミナーなのか？

A．弁護士資格を持つ方で、今後新規分野である離婚案件を開拓したい人材に向けてのセミナーになっている。個人での申し込みもあるが、主に法務事務所単位で申し込みが来ている。年齢層は若い人ばかりというわけではない。年配者の申し込みもある

Q．申し込み者の平均年収は？

A．わからない。ただ、新規分野を開拓し、事業を広げたい人が申し込みをしていると考えている

Q．どういう意図を持ったセミナーなのか？

A．離婚トラブルや親権問題が重篤化する前に、別居前から弁護士が介入する事によって、円滑にトラブルを解決する狙いがある。このセミナーは、その介入テクニックを教えるもの

Q．昨今「子供の連れ去り問題」が社会問題になっているが、この問題を知っているか

A．知らない、聞いた事はある

Q．「子供の連れり問題」の当事者から「このセミナーは子供の連れ去りを助長し教唆するものだ」という声が上がっているが、どう思うか

A．全くそんな意図はない。こちらは新規分野の開拓を求める弁護士の手伝いをしているだけ

Q．電話では全てを質問できない。今私は連れ去り問題の本を執筆中で、このセミナーの件を取り上げる。しかし一方的な書き方はしたくないので、直接伺う形で取材を申し込みたい。責任者に繋いでほしい

A．では弊社のメールアドレスを申し上げます。以降はメールにて連絡を行なって下さい

その後、船井総研にメールを送り、直接取材を申し込んだ。以下がその文面だ。

【子どもの連れ去り関連書籍における取材について】

株式会社船井総合研究所　ご担当者様

拝啓

向暑の候、貴社におかれましては、益々、ご清栄の事とお慶び申し上げます。

さて、先日はお電話でのご対応、誠にありがとうございました。

弊社が企画する書籍についての出版企画書及び事前質問事項をとの事ですが、弊社が電話にて申し上げました主旨は、貴社が令和元年6月8日（東京）、同月15日（大阪）で開催されました「離婚早期介入モデル大公開セミナー」が、様々な意見がある離婚問題の片一方側の、偏った意見や主旨を取り上げたアンフェアなものではないかと疑問を持たれるもので、社会貢献の義務を負う企業が、そのようなセミナーを開催された事に関して、取材をさせていただきたいというものでございます。

率直に申しますと、これは、社会貢献すべき企業が、反社会的行為に加担している可能性があると考えられます。

貴社の当該セミナーのダイレクトメール画像が、複数の「子供の連れ去り問題」の当事者や関係者から弊社へ送られて来ました。

国連内でも「子供の連れ去り」を教唆し、子供を人質のように使い、金儲けをしている日本の一部の弁護士の現状は、大きな問題として取り上げられておりますので、当該セミナーの画像は、出版予定の「配偶者によるDV防止法を悪用した子供の連れ去り」に関する新刊に取り上げる事が、弊社内での出版企画会議で既に決定されています。

その企画会議の中で、公平性を担保するために、貴社に対して釈明の機会を与えるべきであるとの声があり、貴社の意見をお聞きして、掲載しようという事になった次第です。

この取材は、貴社が反社会的な会社ではないと主張する機会である考えます。貴社の釈明がなければ、弊社は貴社を糾弾する一方の意見のみを採用するしかございません。

以上の理由により、できる限り早い時期に、貴社のこのイベントの担当責任者様とご面談をお願いしたく考えております。

是非、ご協力いただけますよう、宜しくお願いします。

敬具

カリカリ企画　はすみとしこ

これに対し、船井総研側から返信が届いた。以下はその文面。

カリカリ企画　はすみ　としこ様

お世話になっております。

船井総合研究所の○○と申します。

これまで[redacted]宛にメールをいただいておりましたが、弊社が開催した「離婚早期介入モデル大公開セミナー」の責任者として、代わってご返信させていただきます。

さて、今回貴社からご取材の依頼をいただいておりますが、恐縮ながら取材についてはお断りさせていただきます。せっかくのお申し出にもかかわらず申し訳ございませんが何卒ご容赦下さい。

代わって本メールにより、貴社からの弊社が開催した「離婚早期介入モデル大公開セミナー」について、「子供の連れ去り問題」と関係性があるのではないかとのご指摘に対してお答えをさせていただきます。

まず、結論から申しますと弊社のセミナーと「子供の連れ去り問題」とは全く関係がございません。

一般論として、離婚事案については、問題が顕在化してから弁護士に委任される方が多いため、弊社は、離婚に悩む方についてより早い段階で適切な対応が出来るよう、弁護士側で相談受入れプランを作成し、低額での継続相談を受け付ける事で相談窓口を作り、弁護士としての業務範囲に追加してはどうか、というビジネスモデルを、弁護士向けのセミナーにてご提案しました。

ただし、相談の際にどのようなアドバイスを行うかは正に弁護士の方々の専門性によるところであり、弊社が関わるべき部分ではないとの認識です。

そのため、弊社セミナーにおいても、弁護士の方々によるアドバイスの内容については立ち入っておらず、「子供の連れ去り問題」と関係があると思われるDVや親権に関する事柄自体にも触れていません。

弊社のセミナーにおけるご提案は、男女や夫婦間に子供の有無にかかわりなく、離婚に関してお悩みを有する全ての方を対象とするものであり、セミナーをご聴講いただいた弁護士の方々も離婚事件について様々な立場でいらっしゃったはずであると認識しています。

弊社は、離婚に悩む全ての方に対し弁護士側にて早期に相談できるプラン・窓口を作ってはどうかとの提案をしたものであり、この提案と「子供連れ去り問題」等の特定の問題とは何ら関係のないものです。

以上のとおり、弊社のセミナーは貴社ご指摘の「子供連れ去り問題」とは全く関係のないものですので、そのようにご理解いただきたく存じます。

また、貴社からは、弊社のダイレクトメールの画像を貴社出版の書籍に掲載する事が決定しているとお伝えいただいています。

しかしながら、弊社のダイレクトメール画像は弊社が著作権を有する著作物であるとともに、弊社が対象者から許諾を得て、弊社従業員及びゲスト講師の肖像を掲載しているものです。

弊社としては、同ダイレクトメール画像の貴社書籍への掲載その他弊社著作物の著作権並びに弊社従業員及びゲスト講師の肖像権の使用について、貴社に対して一切許諾する事はできませんので、貴社におかれましては、弊社のダイレクトメール画像の不適法な掲載は厳に慎んでいただきますようお願い申し上げます。

なお、大変恐縮ながら、追加のご質問、取材等はご対応致しかねますので何卒ご容赦下さい。
よろしくお願い申し上げます。

株式会社船井総合研究所（東証一部　証券コード9757）
士業支援部　法律社労士グループ
シニアエキスパート　シニア経営コンサルタント　○○ ○○

要約すると、「子供の連れ去りは当社・当セミナーには関係ない」「ダイレクトメール画像は使うな」「取材はお断り」「もう連絡するな」だそうだ。さすが、曲がりなりにも一部上場企業の「真摯な対応」である。

日本はいつからこのように、自己利益のみを追求し、「誰も責任を取らない」社会になってしまったのか。これは企業にも、政府にも、司法にも言える、まさに「日本の病根」である。

離婚を増やすという事は、家族をバラバラにし、人間社会の最小単位である家族を破壊するものである。多少大袈裟かもしれないが、これはゆくゆくは国家破壊をもたらす。人体に置き換えれば、いくら外見は丈夫に見えても、細胞一つ一つ、しかもＤＮＡレベルで破壊を繰り返されれば、たちどころに人は病気になり、最悪の場合死亡してしまう。この理屈は国家にも当て嵌まるのではないだろうか。

国家の最大の使命は「国民の生命と財産を守る」ことである。現実として現国家が完璧にそれを遂行しているかはさておき、世界中を見渡してみれば、日本が安全で文化的で洗練された生活を送る事ができる数少ない国家の一つである事は確かだ。そういう国が破壊され、国家機能不全を起こしたら、私たちの生活はどうなってしまうのだろうか。

政府の仕事は主に立法と税金の再分配だ。税金の再分配は、限りある国民の血税をどのように使うか、予算を組んで分配する。私たちが行政機関に行くと速やかに職員が対応するのも、医療機関に罹って支払う医療費が払える範囲なのも、何かトラブルがあって１１０番通報すると警官が駆けつけてくれるのも、全て税金の再分配が機能しているからである。国家が破壊され、これらが機能されなくなると、全てが自費・自己負担、自己責任、自己対応になり、私たちの日常は弱肉強食のサバイバルと化す。

離婚率の増加は家族破壊をもたらし、国家破壊に繋がる。離婚率の増加は他人事ではなく、結果的には私たち日本国民一人一人に降りかかる災いの火種となるのだ。

※本稿パンフレットの出所

https://www.funaisoken.co.jp/files/pdf_seminar_042591_01.pdf

「連れ去り勝ち」解決策の模索

弁護士・弁理士　中野浩和

1　「連れ去り勝ち」とは何か

日本国内では「連れ去り勝ち」を知らない方が大部分であると思われるので、まず、「連れ去り勝ち」とは何かを説明する。

裁判所が親権争い等において採用する判断基準について、「親権が争いになった場合、裁判所はほとんどのケースで、別居後に子供の面倒をみている方の親を親権者に指定しています。これは、裁判所が『どちらの親が親権者にふさわしいか』ではなく『今、子供の面倒をみている親に親権を認めても大きな問題はないか』という発想で親権者を決めているからです。」との分析が、かつて某法律事務所のＷＥＢページに記載されていた（以下「上記判断基準」という。現在は削除されている）。この分析は鋭い。

裁判所が、片親による子の連れ去り事案において、真正ＤＶや虐待等の合意なくして子を連れて行くべき正当理由や、「どちらの親が親権者にふさわしいか」を考慮することなく、「今、子供の面倒をみている親に親権を認めても大きな問題はないか」という基準で判断し、結果的に子を連れ去った片親が親権・監護権争いにおいて有利な勝率（母親：約１００％、父親：約80％といわれる。統計はない）を得る現象を「連れ去り勝ち」という（122ページからの資料参照）。

2　上記判断基準が採用されている理由

なぜ裁判所は「今、子供の面倒をみている親に親権を認めても大きな問題はないか」という基準で判断するのであろうか。

まず、上記判断基準には、親権者・監護権者を変更するとの積極的判断が誤りであった場合に発生するリスクを避けることができること、裁判官の成績評価は事件処理数を基準とするところ、現状維持が最も事件処理の効率が高いこと、執行不要なので子の引き渡し強制執行の強制力不足も露呈しないこと、という利点がある。

また、かつて日本では子を連れて別居するのは子を監護する母親が大部分であったところ、究極の母親保護として「共同親権制度では子を引き取って育てる母が不快な思いをする場面が増える。単独親権制度を維持し、母による子の連れ去りを許容、母が常に親権者、離婚後の父は養育費債務だけを負い、面会交流は子が望んだ場合のみ実施、当事者の同意があれば例外を認めるという運用でいいのではないか。」との見解がある（某著名弁護士による2019年6月19日ツイートより、以下「上記見解」という）。

上記見解には、子供を連れ去られた父親はもとより、子供を連れ去られた母親、親と引き離された子供の視点は、欠片も含まれていない。子供を連れ去られた親の不利益（自殺を含む）を脇に置いたとしても、親と引き離される子供の不利益にも無関心である。ここまで歯に衣を着せない極論も珍しいが、特に問題視されていないことから、日本人には、最優先は母親（女性）であるという価値観（及び価値観にそぐわないことを受け入れない傾向）が強いのではなかろうか。裁判所の運用は、このような価値観にも支えられているものと思われる。

3　上記判断基準が採用されるべきでない理由

しかしながら、裁判所が「今、子供の面倒をみている親に親権を認めても大きな問題はないか」という基準で判断することは、「どちらの親が親権者にふさわしいか」という子供の最善の利益を考慮していないことを意味する。憲法、条約、法律上の問題は脇に置くとしても、裁判所が、子供の最善の利益を追及する努力をしないのは、職務怠慢であり、職業倫理上許されることではない。仮に、親権者・監護権者を変更するとの積極的判断が誤りであり、非難を受けたとしても、それはその職業に就いた以上負うべき責任である。

特に、子供の視点から見た最大の不条理として、裁判所による子供の最善の利益に基づかない判断が、母親の連れ子を継父が虐待死させる事件の発生に寄与することを指摘する。

すなわち、正当な理由もないのに子供を連れ去る母親には、子供の利益より自らの利益を優先させる傾向が認められる（人格上の問題を抱えていることも少なくないと思われる）。生物進化論から、連れ子は継父により虐待を受けやすいことが指摘されているところ、子供の利益より自らの利益を優先させる母親が再婚した場合、継父による暴力が自らに及ぶことを避けるために、継父による子供の虐待を見て見ぬふりをしたり、同一化したりする恐れが大きいことは、十分予測可能であろう。虐待を受ける子供にとってはたまったものではない。換言するならば、仮に今、子供の面倒をみている親に大きな問題はなかったとしても、正当な理由もなしに子供を連れ去るような、子供の利益より自らの利益を優先させる親は、将来的に子供を犠牲にする恐れが大きいのである。

4 改善策の模索

「連れ去り勝ち」に対しては、昔から国内外からの批判の声が上がっているが、近頃特に高まっている。例えば、ポール・トーランド米海軍大佐の連れ去られ事件は２００３年に起こり、有志による国連への子供の人権侵害報告等を受けた２０１９年2月の国連・児童の権利委員会からの勧告では、家族紛争において司法機関が必ずしも「子供の最善の利益を考慮しているわけではないこと」が指摘されている。日本は外圧に弱いといわれているが「連れ去り勝ち」に関しては例外のようである。「連れ去り勝ち」が外圧にも強い理由は、裁判所が制度設計上、政治（国民の声）が最も届きにくい地位にあるから、と考えられる。

このため、「連れ去り勝ち」が常識となるまで、何ら改善がないかもしれない。そうだとしたら、「連れ去り勝ち」の改善が長引けば長引く程、日本の家庭が大混乱に陥ったり、子供を持つべきでない理由の一つとなり、少子化が致命的になる恐れが高いこと、親から引き離される子供の累計総数が増えていくことから、逆説的ではあるが、「連れ去り勝ち」の常識化プロセスを早めるべきである。

特に、子供を連れ去られた母親や、従前において主たる監護者だった連れ去られ親や、私のような同等に子供を監護していた連れ去られ親は、事案における「連れ去り勝ち」及びその理不尽さが明解なので、声を上げるべきである。

更には、一方的に片親に連れ去られた子供としての経験を持つ者が声を上げることを切に希望する。なぜなら、この問題は子供が最大の被害者であり、その経験が貴重で説得力を有するからである。

この点、連れ去られた子供や子供を連れ去られた親にとっては、既に過去の出来事であるとの考えもあろう。そうであっても、私は「連れ去り勝ち」という理不尽がまかり通る社会に子供を住ませたくないので、ここに声を上げる。

子供たちの未来のために。

国連・児童の権利委員会
日本の第4回・第5回統合定期報告書に関する総括所見
（日本語訳：子供の権利条約ＮＧＯレポート連絡会議）

子供の最善の利益

19．委員会は、自己の最善の利益を第一次的に考慮される子供の権利が、とくに教育、代替的養護、家族紛争、及び少年司法において適切に統合されかつ一貫して解釈されているわけではなく、かつ、司法機関、行政機関、及び立法機関が、子供に関連する全ての決定において子供の最善の利益を考慮しているわけではないことに留意する。

不法な移送、及び不返還

31．委員会は、締約国が、子供の不法な移送、及び不返還を防止し、かつこれと闘い、国内法を国際的な子の奪取の民事上の側面に関するハーグ条約と調和させ、かつ子供の返還、及び面会交流権に関する司法決定の適正、かつ迅速な実施を確保するために、あらゆる必要な努力を行なうよう勧告する。委員会はさらに締約国が、関連諸国、特に締約国が、監護または面会権に関する協定を締結している国々との対話、及び協議を強化するよう勧告するものである。

2020年1月20日、テキサス親父日本事務局長・藤木俊一氏が懇意にする国会議員の助けを借りて、最高裁判所幹部に対し「子の連れ去りに関する問題提起」を試みた。以下は、その記録である。

出席者：最高裁判所事務総局家庭局　第一課長 澤村智子氏
最高裁判所事務総局家庭局　局付 山岸秀彬氏
藤木俊一氏
弁護士・弁理士　中野浩和（文責者）

【議論の原点】

子の連れ去り（事前の話合いのないもの）により子が不幸・不安定になるであろう点について、異論はなかった。

「したがって、連れ去りを容認してはならない」点につき、見解の相違をみた。以下、この点を原点とした。

【子の連れ去り容認を起因とする問題】

・子の連れ去りが離婚弁護士の利益獲得手段となっていることを説明した。

・フランスのジメレー&フィネル法律事務所による国連への訴えにおいて、A弁護士が名指しで非難されていることを指摘した。
・外務省と日弁連共催の２０１８年５月15日パリ日本文化館セミナーにおいて、B弁護士が、子を連れ去る方法について説明している旨を、説明した。
・子の引き渡し仮処分の事件数が15年間で４倍になった旨、説明した。
・子の連れ去りを起因とした、自殺・他殺について説明した。
・なぜフランスが日本に怒っているのか、日本国内連れ去り問題を扱ったドキュメンタリー等、フランス人口の約１割に日本の子の連れ去り問題が周知され、同情を買っている旨、説明した。
・フランスでは両方の親に子を監護・面会する責任が課され、アメリカでは面会妨害に対しては運転免許取得制限等あるが、日本では野放しであることを説明した。
・ＮＧＯ等が連携し、日本に対する包囲網を強めている懸念を示し、このままでは家族崩壊から国体崩壊につながりかねない懸念を示した。澤村氏、山岸氏からのコメントは無かったが、強い不同意の表情を読み取った（藤木、中野）。
・子の連れ去りに対する違法性概念の違いについて説明した（日本：合法、フランス：違法・人権侵害）。

【子の連れ去りの違法性に関する議論】

中野　連れ去り行為自体は違法か？

澤村　それを違法と判断する法律がない。

中野　民法に、子の監護は共同して行う旨の条文があるではないか（「親権は、父母の婚姻中は、父母が共同して行う。」民法818条3項本文）。

澤村　それに違反したことをもって違法というか否かは、言葉の問題に過ぎない。

山岸　面会交流中の連れ去りは別として、家庭裁判所は、連れ去りが違法であるか否か、直接判断していない。

中野　正に日本では連れ去りは合法ということか？

澤村　あえて合法とはいわない。どういう連れ去りの状況であったかということを一つの要素としては見ている。それを、違法・合法と分けることは、特別な意味を持たない。連れ去りに関しては、これまでの監護状況、今後の監護の見込み等を総合考慮する一つの判断要素である。裁判所は、個々の事案に応じて、子供の目線にたって、適切に判断しているものと認識している（以下「最高裁の認識」という）。

【最高裁の認識の検証について】

藤木　現実は、最高裁の認識の通りになっていない。200事例程しか知らないが、虚偽DVを申し立てられて会えなくなったケース、面会交流中に涙を見せたために高葛藤と認定され会えなくなったケース等、不条理なケースが沢山あることを知っている。

澤村　それは個々の事案である。

藤木・中野　現実が、最高裁の認識の通りになっているか否かを確認するべきではないか？　片親が連れ去った場合に、連れ去った側に親権・監護権が認められた割合を把握しているか？　統計を取るべきではないか？

澤村　するつもりはない。していない。そのようなことはできない。把握する手段がない。マンパワーがない。

【解決にむけて】

藤木・中野　統計の基となるデータは、裁判所しか持っていない。統計が無ければ、子の連れ去りが引き起こしている問題を解決することはできない。

澤村　調査をするつもりはない。そもそも、最高裁事務総局は裁判所の事務的なことを取り扱う部門であって、（下級審の）裁判官に影響を与えることはできない。

中野　子の連れ去りの考慮により判断が異なり得る限界事例において、最高裁が子の連れ去りが違法である旨の判断を示せばよいのではないか？

澤村　最高裁裁判官の判断に介入することはできない。これは立法の問題である。

中野　子の連れ去り容認を起因とする問題の解決は、子の連れ去りを違法とする運用しかない。

澤村　裁判所は、年1回、研修を開催し、全国の裁判所から集めた人達で、子どものためにどのような解決が望ましいかを検討している。

【藤木、中野による結論】

問題を解決するための制度を語るには、統計に基づく必要がある。裁判所は、家裁実務に関するデータを有し、恐らく子の連れ去り容認から派生する問題を解決することの可能な唯一の国家機関である。残念ながら、前提となる統計取得のための家裁実務の調査の提案は、受け入れられなかった。したがって、上記問題は解決の見込みが立たない。

「子供の連れ去り問題」その当事者の心理

臨床心理士　石垣秀之

【片親と引き離された子どもの心理について】

1．両親の葛藤に晒されることの影響

(1) 子どもの思い

親の怒り感情が強く表現されている場合には、子どもは恐怖を感じて何も言えずにいることもありますが、それでも悲しみや不安から多くの子どもが見えないところで泣いています。それほど喧嘩の程度が激しくなければ、子どもは仲を取り持とうとすることもあります。幼児であれば「喧嘩はダメだよ」と双方を諭したり、大きな声で泣くことで親の注意を逸らし、喧嘩がエスカレートすることを防ごうとすることもあります。小学生くらいになると、口喧嘩の内容に対して意見を述べることもありますが、自分の味方をしていないと感じた親から感情的に否定されたり、他方の親と同様であるといって攻撃されることもあり、このような経験をした子どもは、余計なことを言わずに嵐が過ぎるのを待つようになっていきます。

どのような子どもであっても、親が争わず仲良くしてほしいと願い、そのことを切に訴えたいと思っていますが、何か口に出すことでかえって悪くなったらどうしようという不安や、どう言ったらいいのだろうという迷いのため、心が圧倒され、混乱し、何も言えなくなっていきます。

子どもが何も言わないとしても、それは親に余裕がないことや子どもの気遣いの反映であり、子どもは皆、例外なく、両親の和解と安定して安心できる家庭環境を求めています。しかしながら、両親の葛藤が長年継続すると、子どもは両親の和解をあきらめ、安定して安心できる家庭環境のみを求め、両親双方と一緒に暮らす生活から解放されたいと思うことも生じえます。

(2) 子どもへの心理的影響

子どもにとって両親の葛藤や喧嘩を目撃することによる影響は、大きく3つの機序から生じます。

一つ目は、親の攻撃性や不安定な感情に触れることです。大人が、大声を出している場面や誰かを威嚇したり身体的に攻撃している様子を見ると、子どもは本能的に恐怖を感じます。その親が主たる愛着対象であった場合には、依存せざるを得ませんから、「しがみつき」というような愛着行動の異常が生じることになります。これは、子どもへの直接的な虐待においても同様に観察される影響です。

二つ目は、心理的に自立していない子どもにとって、親が傷つくことは自分が傷つくことのように感じるという現象です。親の痛みや苦しみを知ることは子どもにとって耐えがたい苦痛なのです。

三つ目は、小さな子どもが持つ自己中心性です。自分の行動や考えが世界に影響を及ぼしているという感じを持っているため、両親の葛藤の原因は自分にあるのではないかと意識的（言語的）、あるいは無意識的（非言語的）に自責感を募らせることになります。

目の前の現実とこれらの心理的な機序が、それぞれの子どもの気質に応じて様々な症状や問題行動を生じさせることになりますが、これまでの多くの調査研究は、継続的に両親の葛藤に晒され続ける生活環境よりも、別居や離婚によって一方の親と暮らすことの方が子どもの健全な成長にとって好ましいと指摘しています。両親の葛藤場面の目撃は、一方が他方を支配するような真のＤＶがある場合ではなくとも子どもの心を傷付け、面前「ＤＶ」ではなくとも子どもに対する心理的虐待というべき状態を形成しうることを理解しなければなりません。この間接的な虐待は、子どもに対する直接的な虐待に勝るとも劣らず子どもの心に影響を及ぼすことになります。

ただし、両親の意見が異なる場合でも双方が他方への人格否定や極端に攻撃的な言動を慎むのであれば、その後和解や合意に至る場合、そのエピソードは子どもにとって自己主張と問題解決のためのモデルとなることもあり、不適切な怒り感情とは認識されにくくなります。

両親の葛藤が子どもに及ぼす具体的な影響として、身体的緊張、恐怖や不安や悲しみや怒りといった一次的な感情があります。これら、闘うか逃げるか固まるか、という反応に続き、頭痛や腹痛などの身体症状を呈したり、慢性的な過覚醒状態、食欲・睡眠の異常、自律神経系・免疫系の不調といった医学的な問題をも生じさせます。

両親の葛藤に晒される子どものうち、小中学生のほとんどは学校生活で何らかの問題を呈します。

最も多いのは集中困難による学力低下です。身体的な不調を訴えて頻回に保健室を利用したり、不登校になる子どももいます。気分や認知の否定的な変化と慢性的なストレスによる欲求不満耐性の低下から、他の児童生徒とのトラブルも増加します。他者に対する攻撃性は、両親の葛藤のモデル学習、ポストトラウマティックプレイ（トラウマ場面を再現する遊びを通してトラウマ記憶を処理しようとする無意識的な試み）、気分変調、自暴自棄的な衝動性、他罰傾向、承認欲求、同様の境遇にある友人からの同調圧力、解離、といったさまざまな要因の組み合わせによって生じます。学校外でも、万引きやその他の反社会的行動が見られることもあります。これらは、ＡＤＨＤの不注意・多動・衝動性や、自閉スペクトラム症におけるこだわり・感覚過敏・他者の内面の不理解といった症状と誤解されやすく、愛着形成不全と合わせて、発達障害との誤診を招くことにつながります。

男子が一般的に外向きの問題行動を示すのに対して、女子は表には現れにくい行動を示しやすく、その最たるものは過剰適応で、一般的には「問題」行動とは考えにくく、教師や調査官によっては「概ね適応しており、何ら問題はない」と評価することになります。しかしながら、過剰適応は子どもがその環境での生存確率を上げるための無意識的な戦略であり、親の期待に応えることで親の注目と承認を得ようという表面的な目的の他、親の関心を他方親への攻撃から自身に向けさせることで家庭内に和を保とうとする試みであることがあります。

知的な能力や運動・芸術の能力が高ければ、しばらくの間は過剰適応の努力こそ優先されますが、多くはやがて限界に近づきます。それに伴い小学校高学年から高校生までの女子では自傷行為が見られやすくなります。直接的な体験としては、不安の一時的な解消や不安からの逃避なのですが、賞賛に値しない自分への罰としての意味や、親に認められず希薄になった自己存在感の確認としての意味があると解されることもあります。後述するように同居親（この場合、多くは女子に対する母親）が精神的な問題を抱えている場合に特に多く見られ、リストカット・万引き・摂食障害そしてときに性非行がセットになることもあり、いずれも依存の問題に絡みます。

(3) 一方的なDVや子どもへの直接的虐待が見られる場合

父母の一方が他方を支配するような関係性がある場合にはＤＶと認めるべきです。そういった関係性の中で、子どもの面前での攻撃行動が行われる場合には法的解釈上の面前ＤＶということになり、「心理的虐待の疑い」があり児童相談所等への通告義務が生じることになります。

従って、児童相談所への通告や児童相談所による確認・保護・検査等を試みずに子どもの保護を目的とした連れ去りを行った場合、特に緊急の必要性がある場合を除き、通告義務違反や虐待の証拠を集める機会を逸失させた点につき、本来的には親責任が問われるべきであるといえます。

2. 両親の別居や離婚の影響

(1) 通常現れる反応

親の別居や離婚は、それ自体で子には長期的な悪影響は見られないというのが多くの研究の示すところですが、そうであっても短期・中期的には何らかの影響があることがほとんどです。親の別居・離婚後1年程度は、子どもは不安や混乱を経験し、自責の念に苦しんだり、将来を悲観するといった経験をします。子どもの自死の要因を調査しても両親の不和や離婚といった家庭問題は、学校内の「いじめ」よりも上位にランクインします。父母の離婚は、大切な人を亡くした際の喪失体験に似ていたり、キューブラー・ロスが提唱した死の受容のプロセスのように、否認→怒り→取り引き→抑うつ→受容と似た経過を辿るケースも見られます。

学童期の子どもによく見られるのは、腹痛・頭痛といった身体症状、過覚醒、集中困難、学力低下、登校渋りや不登校、抑うつ感、物隠しやその他の注目獲得行動といったものです。

(2) 別居や離婚後も父母の葛藤に継続的に晒される場合

同居親が、別居後も苦痛を感じていたり、別居親に対する攻撃的・否定的態度を有している場合(明示的な言動として表現されずとも子どもは無意識的に察知します)、直接的な葛藤場面に晒されることよりは軽減されるとしても、影響を受け続けることになります。従来、男児は外的・反社会的な行動化、女児は内的・非社会的な行動化や過剰適応が多く見られましたが、最近では男児にもゲーム依存や引きこもり傾向といった非社会的な行動化が見られるようになってきました。

これまでの日本社会は、別居・離婚後の葛藤継続を避けるために別居・離婚後には両親間の関係を断絶させるべきという暗黙の社会認識があり、別居親はそっと木の陰から子の成長を見守るだけでよいと考えられてきました。しかし、諸外国の長年の心理社会的調査研究が示す通り、子どもは双方の親との関係を保ち、愛される体験を積み重ねることが重要なのであり、父母の葛藤という親側の都合に合わせて子どもが一方の親との関係継続をあきらめるのではなく、双方の親と会うことが子の利益に適うという子ども側の都合・利益のために親側が葛藤を減じ、少なくとも子どもの健全な成長のために協力し合う程度の関係づくりがなされるべきだということが、日本を除くほとんどの諸外国においてコンセンサスとされています。

(3) 同居親が精神的な問題を抱える場合

離婚を経験した親自身は、同居親であろうと別居親であろうと心理的危機を経験しますが、一方の親と同居する子どもはそんな親を心配して基本的な欲求を犠牲にしても親を守ろうと意識的・無意識的な努力をします。つまり、親の求める社会的役割を演じようとするのです。感受性の高い子は、同居親が別居親に無意識的に依存していた部分の穴を埋める必要性を感じ、元気が無い親を見れば慰めようとしますし、小学校中学年以上の子どもであればご飯の準備ができない親を見てお手伝いしようという気持ちになり、やがて主体的にご飯を作ってあげようとすらします。典型的なケースでは、同居親が元々求めていた配偶者役割を子どもが演じるため、子どもの振る舞いを見ることで同居親の心理的なニーズが見えることもあります。

同居親の離婚による心理的な危機が、元々同居親が有していた精神疾患等に起因するものであれば、子どもは精神科医や心理カウンセラーとしての役割を期待されることになります。この場合、成人であってもその対処には難儀するところ、子どもがそのような同居親の全面的な依存対象となることはほとんど不可能であるといえます。そのため、親の期待に応えられないダメな自分を罰するという無意識的衝動と不安からの刹那的な逃避のために自傷行為が繰り返されたり、自我形成が脆弱であった子どもの場合には親の妄想に感化され、同様の妄想を共有することが見られる場合もあります。

同居親と子ども双方が女性で、同居親の心理的依存が継続し、特に子どもが一人っ子の場合など、成人後であっても異性との付き合いや結婚が同居親を見捨てたり裏切ったりすることになるのではないかという罪悪感や心理的な束縛が生じ、人生を同居親に捧げるようなケースも見られます。

(4) 年齢による違い

7～8か月くらいまでに愛着対象が特定化され（一人に限りません）、人見知り反応が生じるようになります。誕生後1歳半から2歳頃までの乳児期は、一般的には両親との愛着関係を形成する重要な時期であり、基本的信頼感が育まれる時期と考えられています。別居親から十分に養育的関与を受けられない場合には、その親との愛着は形成されません。この時期に、親等の養育者が自分の欲求を満たしてくれて、自分の働きかけに適切に応答してくれることを繰り返し体験して、世界は安全で自分に応えてくれて、自分はその中で生きていくに値する存在であるという根源的な確信・感覚を得て、人生に希望を持ちます。従って、この時期に乳児の欲求を満たすことができなかったり、乳児に適切に応答できなかったり、両親の葛藤が乳児に恐怖や不安を与えれば、乳児は自分を取り巻く世界の安全に自信が持てず、世界は自分の働きかけに応えてくれず、自分がこの世の中で生きていくに値する存在であるという根源的な確信を得ないまま成長することになります。親子関係は相互に影響し合うため、乳児の示す愛着行動が不安定であったり世界への不信感が強かったりすると、乳児の気持ちに親の気持ちを合わせていく「情動調律」もうまくいかないこともあり、悪循環になっていきます。

3～4歳くらいまでの幼児期前期は、哺乳を終え、排泄もコントロールできるようになり、運動能力も向上し、親の手から離れていく時期です。これに合わせて、親との愛着も完成すると考えられています。それまでは現実の存在である親と身体的に接触することで安心を得ようという愛着行動がメインであり、愛着対象は安心感とエネルギーを得るための安全基地として機能してきましたが、内的なイメージ保持能力の向上によって、安全基地を内在化させます。

イメージ保持や記憶能力がこの時期に発達することから、この時期以前に親と別居するとその後に頻回の直接的な交流がなされなければ忘却（幼児期健忘）が生じ、原家族イメージにはその親がいない状態になります。忘却後にその親と会いたいかと問われれば、十分に成長して自己アイデンティティについて意識するようになり、愛着や思慕の念からではなく、興味や好奇心によって「会ってみたい」と思うようになるまで自ら会いたいと意思表示することはまれです。

記憶力が発達しても、成人まで残るエピソード記憶の能力は幼児期後期まで完成しません。大人に、人生最初の記憶を尋ねると2～3歳くらいの記憶が語られることがありますが、実際に体験した直接の記憶ではなく写真や伝聞による疑似記憶であることが多く、体験に基づく最初の記憶は小学校入学前後のものになります。つまりこれ以前の時期において、別居以前の関係性が継続するように面会交流をするならば、時間は短くても良いので頻度を多めにすることが重要です。月に1回2時間などでは親との愛着関係を維持することはほとんど不可能といってもいいでしょう。

幼児期までの時期にもう一つ重視すべき問題として、自己中心性があります。もちろん、必ずしも意識的・言語的に「自分のせい」と考えることばかりではなく、無意識的・非言語的に自責感に苛まれることもあります。この自己中心性は小学校入学後に完全になくなるということではなく、小学校中学年頃までは両親の離婚を経験する子どもに大きな影を落とします。そして、両親の離婚ストレスによるうつ的な状態では罪悪感を感じやすいという認知の偏りも生じ、合わせて「僕が・私が悪い子だったからパパとママが離婚したんだ」という思いを生じやすくします。反対に、「僕が・私がいい子にしていたらパパもママも仲良くなるかも」という思いを持つこともあります。これらは、言語的に意識化されなくても無意識的に本人を苦しめたり、過剰適応に向かわせたりします。

一方の親との別離によってもう一方の親にも見捨てられるのではないかという不安が生じることもあります。年齢不相応なしがみつきは、多くの場合、愛着関係の問題を背景に持ちますが、健全な愛着を有する父母の別居を経験した親子関係においてもこのような「見捨てられ不安」から生じることがあり、また環境の変化等のストレスによる退行（赤ちゃん返り）の結果、生じることもあります。

さて、小学校の3～4年生になると子どもの発達も進み、大きな変化が見られるようになります。ギャングエイジという呼び方をされることもあるように、親と遊ぶよりも友達と遊ぶことを好むようになる子どもが増え、集団での規範を独自に作って遊んだり、現代社会では少なくなったものの、「秘密基地」を作って遊んだりすることもあります。認知面では、「9歳・10歳の壁」などと呼ばれる年齢であり、抽象的思考能力が向上するときでもあります。道徳発達においても、単に「親が言っていたから」や、「そう決まっているから」といった無批判的な判断ではなく、自分なりに考えた根拠によって物事の良し悪しを判断するようになります。

10歳以上になると、裁判所も子どもの意思を重視するようになりますが、子どもの未熟な思考による判断を採用することは、その時の子どもの気持ちを大事にしているように見える一方で、子どもの利益を害する判断をしがちなことも確かです。この年齢になると、習い事を始める子どももいますが、途中で「行きたくない」とか「辞めたい」と言い出す子が少なからずいます。子どもたちは「～ちゃんが意地悪する」と言ってみたり、「先生が怖い」と言ったりします。仮にこのような状態を家庭裁判所調査官が調査した場合、「家庭環境に大きな問題はなく、同居親の意向に影響されたとはいえない。子どもの意思を尊重すべきであるから習い事は辞めさせることが子どもの最善の利益に適う」という報告書を提出するでしょうか。習い事であれば辞めてもいいでしょうし、子どもに合わない指導方針もあるかもしれませんから、そう判断する調査官はいるかもしれません。では、子どもが「体育は好きだけど、国語は月に1回2時間の授業で十分」と言った場合にはどうでしょうか。裁判官も

「諸外国の例や教育学・心理学は知らない。日本ではそれで十分」と判断するでしょうか。児童の権利条約では教育を受ける権利が保障されていますし、憲法上でも子どもに教育を受けさせる義務が規定されています。子どもの健全な発達のために重要な機会を、「子の意思」でむやみに奪うことは許されません。ですから、同居親が国語の授業をその子どもにとって十分な程度に受けさせられるように子どもの気持ちに寄り添い、不安を解消し、先生と協力して対応すべきであることには反論がないことと思います。

小学3・4年生から中学1・2年生くらいまでは片親疎外に移行しやすく、別居親に対する拒絶の態度も辛辣で、かつ裁判所にも面会交流が認められにくくなります。それは子どもが自分なりに考えた理由によって別居親を拒絶していると評価されやすいこと、その理由は年齢相応の思考に基づくものと評価されやすいこと、そして子どもの拒絶の態度が強く、意向を変えることが不可能に見え、無理に面会交流をさせることで子どもを傷付けるのではないかという評価者側の不安があるからです。この年齢の子どもにとっての面会交流は、同居親が否定的な態度を持っていれば当然に、そうでなくても拒否されることを念頭に入れなければなりません。同居親は子どもの不安を解消し、別居親と協力して対応すべきなのです。子どもが自分なりに考えて判断したのだとしても、それが刹那的な満足を求めるものであるならば同居親は長期的な視点に立って子どもを導くべき責任があります。

15歳以上の子どもの意思については、十分な心理社会的な自立と一方の親による独占的な監護を受けていないという条件がそろわない限り、その表示意思を子の処遇決定の最重要要件とすることは控えるべきだと思います。逆に、親の離婚を経験した子どもがその直後から年間１００日程度の面会交流を継続的に実施し、かつ、高校入学時から下宿生活や独り暮らしをしているといった場合には、その子どもの意思を最優先にした処遇決定で何ら問題がないと思います。

⑸ 貧困問題

面会交流と養育費は車の両輪であるといわれることがあります。確かに養育費は子育てを経済的に支え、別居親の愛情を間接的に伝える可能性があります。ただし、別居親が死亡した場合や収入がない場合には養育費は受け取ることができませんから、子育て費用を養育費に全面的に依存するべきではありません。

また、養育費は子どものために使われるべきお金なのですから、別居親の収入が多いとしても養育費を同居親の生活費にあてるのは間違った使用方法です。同居親自身が就労し、自分の生活費を捻出しなければならず、勤労義務を免れるためには相応の理由がなければなりません。子育てを勤労義務免除理由にできるのは通常の育休上限といえる3年が限度でしょう。そもそも心身の問題を理由に就労できないのであれば、監護者としても不利に考えられるはずです。

同居親も別居親も正当な理由で就労できない場合には、養育費を１００％徴収するシステムを作っても子どもの貧困問題を解決することはできないのですから、子どもの貧困問題を解決する根本的な解決策は、最低限度の子育て費用が国や地方自治体等から支給されることですが、子育て支援金を現金で支給した場合には、親の生活費や親の余興費に回される可能性が残ります。従って、子どもの衣食住や教育に関する費用についてはなるべく現物支給、あるいは使用目的が明確化されたバウチャーで提供されることが望ましいといえます。これは両親の離婚を経験した子どもたちに限らず、現代日本に共通した貧困対策となるのではないかと考えています。

3．連れ去りと引き離しの影響

(1) 新生児から乳児期

ヒトの新生児は極めて未熟な状態で産まれてくるために、全ての身の回りの世話を養育者に依存するしかありませんから、新生児が出生時から有する能力は、おそらく生き残り戦略の一つとして母性的な関与を引き出すために進化してきたものと考えられます。新生児が母親を他と区別したところで、母のおなかにしがみつき続ける握力もなく、結局、母からの積極的関与を引き出すためのサインを発することがより重要になります。

そのため、「僕は・私は、あなたを養育者として求めています」と認知させることが目標となっているはずです。これは、自分の生き残りという目的のための手段であり、一定期間後に愛着が完成するまではさまざまな可能性に対応することが可能であり、多くの文化・社会では母との強い愛着と、それに次ぐ強い愛着を父や同居親族と形成するのが一般的です。

同様に、愛着が生き残り戦略の一つであり、愛着対象者との別離は大きなトラウマになりうるものの、その後に新たな愛着を形成する可塑性を持ち合わせているために、幼児の養子縁組（特別養子縁組）によって、子どもが積極的な自死を選択したり、愛着が形成できずに発育不全が生じたりすることは多くありません。他方、愛着対象者との別離の後に特定の対象との愛着を形成できなかった場合には、心身の健全な発育が妨げられることがあります（マターナルディプリベーション：母性剥奪や、ホスピタリズム：施設症。なおマターナルディプリベーションが愛着対象者との別離を指し、ホスピタリズムがその結果としての意味を指すとの解釈もあります）。

(2) 愛着

愛着の質を決めるのは通常子どもとのやりとりの際に示す養育者の態度になりますが、これは大きく3つの要素に分けることができます。子どもの状態やサインに気づく「感受性」（「おしっこが出て不快なようだ」という理解）、それに適切かつ十分に応える「応答性」（すぐにオムツを替えてあげること）、そして感受性や応答性を一定に保つ「安定性」（潜在的能力としては感受性も応答性も問題ないが、不安で頭がいっぱいになったり、ヒステリックに大声で叱ったり、自分の欲求を優先して子どものニーズに応えられない状態にならないか）です。子どもは、養育者のこれらの3要素をもとに、世界は安全か、信用に足るか、自分は存在してもよいのかといった無意識的・根源的世界観を作っていくと考えられます。これら3要素が十分でない場合には、主たる養育者との間にも十分かつ健全な愛着が形成されず、かろうじて形成された愛着は不安定で、自分の意思や行動によって世界を変えることはできず、与え合う愛ではなく、世界は危険で奪い合いに満ちていて、自分も愛されるべき存在ではないという世界観を持つことになります。幼児期までの愛着パターンが成人後の行動やメンタルヘルスに影響を与えるという内的作業モデルも提唱されています。

産褥期あるいは児童期までの間に不安定な一方の親（通常は母親）が、子どもが愛着を形成する対象は唯一自分だけであるという思い込みを生じることで、他方親との愛着形成を支援しない、形成されている愛着を認めないということがあり、子どもを自分の所有物のように考えてしまう結果、子どもや他方親の傷つきを想像できずに連れ去りといった問題を生じることも少なからず見られます。子どもが年齢不相応に同居親に依存し、しがみつくような行動をしている場合に、子どもとの強い愛着を有していると勘違いする親がいたり、時々、そのような勘違いをしている家庭裁判所調査官や裁判官がいます。今ではユーチューブでもハーローのアカゲザルの実験を見ることができますが、赤ちゃんザルが針金にまかれたタオルにしがみつく様子を見て、健全な愛着を有していると判断されるでしょうか。

これまでわかってきたことは、愛着対象者や養育者の性別よりも個人のパーソナリティや関わり方（感受性・応答性・安定性）が重要であるということです。これらを受け、監護者としての母親優先の考え方は改められてきましたが、日本では未だに乳幼児の養育は原則的に母親がすべきであるという暗黙の社会通念が保育・教育現場の職員にも見られ、家庭裁判所の調停委員の口から明言されることすらあります。

(3) 主たる養育者と継続性

子どもは複数の愛着関係を築くことができ、家族やその他集団での子育てがこれまでの人類の歴史の大部分を占めてきたことからもわかるように、子どもを育てるときは主たる養育者との関係を至上としてそれ以外の関係の集合にも勝ると考えるのは危険です。母乳でさえ実の母親以外から提供されることがあり、集団で多くの子どもを育てる社会において、例えば実の母親に対する愛着が相対的に21％、それ以外のメンバー3人に20％ずつ、残りの1人に19％であったとすると、主たる養育者との関係を継続し他のメンバーと断絶することは、子どもにとって79％の愛着を失うことになります。

別居前の養育環境において母親が専業主婦の場合には、通常母親が主たる養育者となりますが、同時に、その養育環境は父親が働くことによってもたらされたはずです。裁判所は母親の直接的接触のみを監護者指定の要件としますが、安全で安心できる環境を提供した父親の存在があったからこそ子どもが（母親も専業主婦として）生きられたのであり、養育費によって経済的環境を代替できると考える場合には、経済的に力のある父親であれば物的環境を変えずに専業主婦役割の者を替えることも可能なのであり、特別養子縁組制度が存在することや、母親の死亡とその後の父親の再婚家庭においても子どもが健全に育ちうることはその可能性を検討すべきことを示唆しているといえます。

自分が主たる養育者であるという理由のみで子どもの連れ去りや愛着対象者からの引き離しを単独で決定・実行する権利があると考えるのは、従来の家父長制度における悪しき慣習を残存させる子どもに対する行き過ぎた所有・特権意識であるといえます。

(4) 忘却と脱愛着

一部の動物の決定的な刷り込みの場合、対象がいなくなることは生存の可能性を著しく低めますが、ヒトの場合、愛着対象者を忘れ得る能力があることで喪失の苦しみを意識しないで済むようになります。愛着研究の第一人者のボウルビーは、子どもが愛着対象者から長期間離された際に見せる行動のパターンをまとめています。それによると最初に泣いたり暴れたりして分離に対して「抗議」しているような行動が見られます。次に、愛着対象者がいずれ自分のところに帰って来るという希望を喪失したような「絶望」が見られ、最後にはとうとう子どもは愛着対象者に抱いていた自身の情緒的欲求を喪失させる「脱愛着」が生じるとされています。

(5) 虐待

愛着について十分な知識と観察経験のない調査官は、子どもが母親に強くしがみついているという行動一つを根拠に、子どもが母親に対して良好かつ強固な愛着を有している、と評価することがあり、調査官を心理学の専門家であると認める裁判官はその言を信じます（本当は、信じているのではなくその方が都合がよいだけかもしれませんが）。

主たる養育者以外に十分な愛着対象者がいない場合には、子どもは見捨てられ不安に駆られ、主たる養育者との分離に対して強く抵抗を示す場合もあります。その親から離れて暮らすという不安は、現実の不幸な状況よりも子どもには強いストレスになるのです。

虐待行為による心理的支配は、加害者を裏切ることに対する懲罰的な虐待を予想させるため、意識的にはそのようなことが生じえないと理解していても、無意識的なブレーキがかかり「確かに酷く叩かれたけど、自分が悪いことをしたから」といった加害行為を正当化（合理化）するような発言がみられることも多くあります。

(6) 片親疎外を引き起こす環境要因

これに対して、重い片親疎外に陥った子どもは別居親を躊躇なく批判し拒絶します。片親疎外とは、同居親（一般的には両親の別居後に生じるため、同居時における影響力の強い親を指す場合もありますが、便宜上「同居親」とします）の影響によって生じる、別居親に対する不合理な拒絶をいいます。

ここで重要なのは、片親疎外は同居親の明示的な指示による、別居親に対する表面的な拒絶意思の表示ではない（それにとどまらない）ということです。「今度パパと会ったら、パパ嫌い！って言うんだよ」という指示通りに復唱するだけであれば、同居親による命令や脅迫が認められるとしても片親疎外とは実質的に異なるものと評価しなければなりません。

片親疎外について十分な知識のない医師や心理士や調査官は、同居親からの明示の指示や言動がないことをもって「同居親の影響がない」と判断することがありますが、これは明らかな間違いです。飼い犬などは、飼い主が示す表象を用いた言語的命令を理解することはできませんが、それでも飼い主の意図を察して吠えたり行動したりすることがあります。人間の幼児でも言語的には理解できずとも同居親の持つ別居親に対する否定的態度を感じ取る能力を有していますし、文言としては別居親を褒めるような言葉であってもその裏側にある本質的な嫌悪や怒り感情を受け取ります。つまり、同居親の影響とは、明示された言語的働きかけによるものだけとは限らず、むしろ暗示的な態度にこそ重要な力があると考えなければなりません。虐待概念で心理的虐待と区別してネグレクトが語られることがあるように、そしていじめにおいて「無視」といった行為が単純な暴力を超えて子どもの心を傷付けるように、同居親が別居親について存在しないかのような態度を示すことは、同居親の持つ別居親に対する強度の憎しみや嫌悪感情の存在を子どもに知らしめることになります。従って、同居親が別居親に対して否定的言動をしなかったということの他、同居親が別居親についての肯定的な会話を子どもと取らなかったということでも子どもは影響を受けることがあるのです。

同居親が子どもを別居親から引き離す場合に語られる理由の多くは、同居時においても別居親は子どもと十分な関係性を有していなかったというものです。しかしながら、実際に関係が弱かったということであれば、同居親が果たすべき役割は子どもと別居親の関係を十分に強めることであり、関係が弱かったからこれからも必要ないという主張は子どもの最善の利益を求める態度ではありません。

別居親が子どもを虐待していたという主張も時々見られ、実際にそういうこともあります。そうであるならば、本来的に子どもが望んでいるのは虐待する親が虐待しなくなるように優しくなることであり、同居親によって別居親の存在が全否定され、子ども自身が別居親やその行為を自分なりに理解して過去のエピソードの一つとして受け入れていく過程を奪うことではないはずです。子どもに対して虐待親を拒絶するよう仕向けることは、いじめがあったときにいじめ行為を許さない態度ではなく、いじめ加害者を追放するように教えていることに等しく、人間の成長や人権を無視する態度を助長するものといえます。

(7) 年齢要因

両親の別居や離婚に際し子どもは無力であり一方の親から引き離されると、同居親に監護される生活が始まり、そこでの適応を高めることが子どもの生存戦略となります。

洗脳やマインド・コントロール手法のメインは、それまでの環境から「隔離」することであると知られていますが、別居親からの隔離は、同居親への依存を高め、かつ別居親側の情報を遮断するという状況を作り出します。子どもの年齢が低い場合には子どもの道徳心は、親の態度に大きく影響されます。親が良いと言えば良い、悪いと言えば悪いという単純な判断基準を持ちます。従って、別居親に対する忘却が生じ、あるいは脱愛着が生じることを待ちさえすれば、年少児に対して別居親は悪者というという認識を植え付けるのは極めて容易であるといえます。

(8) 過剰適応

特に女子に多いのですが、意識的または無意識的に、親の攻撃対象となることを避けるため静かに目立たないように暮らそうとしたり、親の注目を得ようとしたり、親の期待に応えようとしたりすることで本来の自分の欲求を抑え込み、普通に期待される努力・能力を超えて頑張ろうとすることがあります。別居後に過剰適応を呈するようになった子どもの多くは、別居後の同居親の態度からそのような適応方法が意識的・無意識的に選択されているため、片親疎外傾向を併せ持つことがほとんどです。同居親の不安を解消し、同居親の監護下において安心して生活するためには、「よい子」であって、かつ同居親と対立しない態度を持つことが求められるからです。逆に、別居前は「よい子」であったのに、別居後において問題行動をいくらか呈し、かつ片親疎外傾向を見せない場合には、同居時の両親の葛藤から解放され、安心して症状を呈することができるようになったと考えられるケースもあります。

詳述は控えますが、実際に酷いＤＶを受けた親の自書による陳述書にはある一定の傾向が見られ、夫婦喧嘩の腹いせや復讐を兼ねた子どもの連れ去りと引き離しを行う親とは一線を画します。

5．子どもの健全な成長・発達のために

(1) 葛藤の回避と低下

既に葛藤状態にある両親の元で子どもが暮らしているのであれば、虐待と判別できなくても不適切な養育環境にいることは間違いありません。二次予防として、早期発見と早期対応が求められます。自己完結している、あるいは外部に開かれていないシステムには多かれ少なかれ何らかの問題があります。家族へのアクセスが何らかの方法で保たれることが必要で、地域やその他との接点がない場合

には、行政による家庭訪問等が求められるかもしれません。

一方が子どもを連れ去ることは、両親の葛藤を決定的に高めますから、少なくとも子どもの心理発達の側面からは原則的には禁止されるべきです。子どもへのネグレクトや面前ＤＶを除く直接的な虐待が現に行われているかその危険性が十分に認められるといった緊急避難要件を満たす場合に、一方の親が子どもを連れて逃げたとしても、そのまま親が継続的に監護するべきではありません。子どもへの直接的な虐待が認められる場合には加害親が逮捕されて、子どもが戻されるべきですし、子どもへの虐待の恐れが強い場合には、子どもが保護されて、両親間で虐待を防ぐための話し合いや加害危険性のある親への行政的・司法的介入がなされるべきです。一方の親による主観的判断と連れ去りの社会的・法的容認は子どもから一方の親を奪う主たる要因の一つであり、早期に改善が求められます。

裁判所も、子どもの連れ去り事件に関して現状の対応を変えなければなりません。引き渡しの保全や監護者指定事件に関して、結論を出すのに半年も掛けてしまっては、同居親に悪意がなくても、他方親と子どもとの関係を維持・促進する積極的態度を有さない場合でかつ十分な面会交流がなされなければ、連れ去り後の状況・子どもの年齢・気質等によって片親疎外へ移行していきます。

(2) 子どもの保護

では、父母の別居に際し子どもは誰に保護してもらうべきか、という問題も残ります。現在の児童相談所運営には多くの問題が指摘されていて、ＤＶや虐待には該当しないようなケースにおいて不当に保護期間を延長し児童相談所が連れ去りと引き離しを実行しているという批判があったり、逆に重度の虐待が認められても職員への脅迫のリスクがあれば子どもを家庭に戻してしまうという批判もあります。

行政であれ、民間であれ、子どもの利益を第一に考える機関の設立と、十分な知識と能力のある専門家による運営と支援が求められます。所長等が何らかの天下りポストとして位置づけられないことや保護実績数による見返り報酬などが持ち込まれないような制度設計が不可欠であるといえます。適切な保護機能を発揮することができれば、二次予防で発見されたリスク群の子どもを短期的に預かり、親教育プログラムを受講させる機関としても活用できるはずです。

(3) 両親ができること

別居や離婚を経験する子どもの健全な成長・発達のために両親ができることを端的に述べるとすれば、「他方親と子どもとの関係性を維持・促進する積極的態度」をもって子どもと関わること、になります。他方親の尊厳を高め、他方親と子どもがより関われるように配慮し、自ら積極的に行動することが重要です。子どもから話さなければ他方親の話をしないということは、暗に「あなたさえ話さなければ私は幸せなのに」というメッセージを送りかねません。

同居親が上記態度を有するならば、どの程度の面会交流が望ましいか子どもの年齢や状況に応じて客観的な頻度・態様を別居親に提案できるはずです。自分が別居親の立場であれば年間１８２日の面会交流を要求したいとしても、子どもの負担を考えて年間１００日しか要求しないようにしよう、と考えるかもしれません。同居親が、例え自分が別居親になるとしても子どもと自分の関係維持には子どもの負担を考えて月に1回2時間で十分だろう、というならばそのような親が同居親である必要はなく、別居親と子どもの愛着等親子関係を深めることを優先して別居親に監護権を譲り子どもを引渡し、自身は月に1回2時間で関係を継続すればいいのです。

そもそも月に1回2時間で親子関係が十分維持できるならば、子どもは一方の親とも暮らす必要はなく施設で暮らすことで足りるはずです。イスラエルのキブツでの共同子育てスタイルがその実例であり、結果的に子どもたちがどうなったのかを検討すればその是非が理解されます。

自分が別居親になることを想像すれば、あるいは自分が子どもであって愛する親と離れて暮らすことを想像すれば、子どもにとって面会交流は月に1回ただ遊ぶためのものではなく、食事・入浴・宿泊といった生活を共にすることで、楽しいばかりではなく、叱られたり泣いたり反抗したりもするけど子育てとしての実態を持つものであることが理解できるはずです。

子どもが安心して他方親への気持ちを持ち続けるためには、面会交流を増やす、あるいは共同養育スタイルを実行することにとどまらず、子どもが他方親に対して尊厳を有したり愛着を維持するよう子ども部屋に他方親の写真を飾ったり、他方親が子どもを可愛がっていたエピソードを、折を見て話したりすることが有効な手段であり、長期間の単身赴任や死別の場合には、そうしている同居親が多いはずです。

(4) 片親疎外の予防・改善

面会交流が十分な頻度で行われることは年少児に対して忘却や脱愛着を予防する意味で重要ですが、十分な内容であることも外せない要件となります。例えば、別居親に対して否定的な感情を消化しきれない同居親が面会交流に同席すれば、子どもは忠誠葛藤を感じざるを得ず、両親の対立が生じないか、巻き込まれないかという不安を感じることになり、そのような不安を感じるくらいならば、別居親との関係を諦めようとすることもあります。しかしながら、同居親が面会交流時に同席することは、長期間の引き離しの後の面会交流開始時に一時的に必要となることがあります。その場合であっても、面会交流時の同居親の視線や態度は子どもの行動や態度形成に大きく影響します。同居親が不安な様子を示していれば、子どもは別居親との面会交流は危険であると認識しますし、同居親が不機嫌であれば面会交流を行うことに罪悪感を抱きます。同居親がスマホでゲームしていれば「早く帰ろう」というサインと思うかもしれません。従って、面会交流が別居親にとっても子どもにとってもリラックスできるものであることが重要です。

両親の葛藤を激化させずに面会交流を実施するには、別居親に対して不当な干渉をしないことが何よりも重要です。面会交流が監視されるならば、別居親は当然に、同居親による監護の全てを監視すべきであると主張したくなりますし、別居親が適切なしつけのために子どもを叱ったりすることで「怖かった」と子どもが言ったから面会交流は中止すべきという場合には、別居親は当然に、同居親が子どもをしつけのために叱る場合には同居親による監護を認めるべきではないと主張するでしょうし、適切なしつけのためにも叱らないという場合にも監護を認めるべきではないと主張するでしょう。同居親に法的親権が一方的に認められるとしても（親権者・監護者指定）、同居親に対する特権的権利付与と別居親への不当な冷遇措置を合法化することは、別居親には、親として基本的に有する権利を侵害するものと認識され、心理的な対立感情を悪化させ、何ら子どもの利益にならないばかりか、悪化させる大きな要因となります。双方、自分が相手の立場であれば、と想像することで円滑で有益な面会交流が実施されるでしょう。

片親疎外にも、その状態の軽重があり、重度になれば子どもに自発的かつ一見合理的な根拠に基づく別居親の拒絶が見られるようになります。拒絶が強度であり同居親の態度改善が期待できなければ、短期間での片親疎外の改善は難しく、やはり強引に面会交流を行うことは難しくなります。しかしながら、これが、片親疎外による利得を得ようという同居親の企みの結果であれば、その後の改善は全く期待できず、生涯にわたる親子の断絶を覚悟しなければならない事態になります。同居親が信用に足る人物であり、別居に至る過程に連れ去りと評価すべき一方的な行為がない場合には、同居親の監護を継続したままで同居親を主体とする治療的関わりを進めることもありえますが、連れ去り以降の引き離しと同居親の非積極的態度が見られる場合には、監護権を変更し、別居親への拒絶的態度の改善（片親疎外の十分な改善）が見られるまで同居親の下から引き離した生活を送らせることが最も効果的な方法になるといえます。マインド・コントロールされている人を、その状況下でいくら説得しても、「悪魔の手先」と思っている人物に対する否定的感情の改善を期すなど土台無理な話なのです。

これは裁判所がよく命じる「間接交流」についても同様です。マインド・コントロールされている人に対して「悪魔」が手紙を出したところで、その悪魔の手紙を読んで悪魔側になびくと期待することはできません。どうしても間接交流から始めなければならないのであれば、「神様」が「これは悪魔の手紙ではない、私と同じ神が書いた手紙である」と本心から伝えることによって初めて読まれるのであって、片親疎外に陥っている子どもに対して、別居親からの手紙を読ませることは、同居親からその都度忠誠を試されているのと等しく、やり方によっては片親疎外を強化することになりかねません。

間接交流は直接交流の補助として有効であり、例えば遠洋漁業に出ている父親が外国の港から手紙を送るとか、単身赴任をしている母親に電話をするといったことと同様に、基礎的な関係があれば、その維持手段として機能します。ただし、半年に一回、子どもの写真が別居親に届けられるといった方法によって、子どもの片親疎外が和らぐなどと認める「専門家」は裁判所の外の世界には存在しません。これは既に「交流」ですらないからであり、別居親の溜飲を下げるために何も認めないわけにはいかないから、少しは別居親にも配慮しましたよ、というパフォーマンス程度の効果しか有していないと言わざるを得ません。

間接交流によって片親疎外傾向を改善させようと真剣に願うならば、手紙の封を開くところから子どもに読み聞かせる様子を撮影し、できればテレビ電話やスカイプといったメディアを通して両親が相互に感謝を述べるといった場面に立ち会わせることで、子どもは別居親に対する肯定的な感情を持つことや手紙に対する返信をすることで同居親の感情を逆なでしたりはしないと実体験していけるのであり、読むか読まないかは子どもの自由などと、「子どもの意思」に任せた無責任な方法では、子どもの無意識が同居親に突き付けられていると感じている忠誠確認の呪縛を打ち破ることはほとんど期待できません（子どもが小学校低学年くらいまでなら、好きなキャラクターグッズによってしばらく騙すことはできますが、それも8歳くらいまでです）。

間接交流という同居親の時間稼ぎと、裁判所の「温情」によってどれだけの子どもが本来持てるはずの別居親との直接交流の機会を奪われたか枚挙にいとまがありません。間接交流の効果によって直接交流の是非を判断するというやり方は、それこそ、片親疎外を導き完成させ、子どもの自発的な拒絶によって別居親を絶望させようという復讐心を持つ同居親にとっては思うつぼです。

一定期間後の直接交流が約束された場合の期間限定の移行措置としての間接交流の場合、同居親に積極的態度があるのであれば、裁判所が定めた間接交流以外にも専門家に助言を求め直接交流が安心して迎えられるようなさまざまな手段を講じるはずです。裁判所の提示した方法のみ行って、それ以外には何も行わないという態度は、子どもにとって「面会交流はしなければならない義務だから、別居親に会うことくらいは我慢しよう」という否定的態度を暗に押し付ける素地となりえます。

⑸ 無責任な親

子どもを持つ覚悟がないのに避妊を行わない男性や避妊を不要と訴える女性もいますし、また子どもを育てるほどには心理的な成熟をしていない親もいます。面会交流を求めない父親もいれば、養育費を支払わない母親もいます。原則的な共同親権制とその社会的理解は、離婚後においても親責任の完遂を求め、無責任な親が生まれることを防ぐ一次予防の手段の一つとなります。

無責任な親には、自らの生い立ちに不幸な家庭環境があることが多いということも忘れてはなりません。次の世代に無責任な親とならないような養育環境を整えることが現世代の責任であり、現世代の無責任な親に対しても非難して排除するのではなく、性格形成における本人にはどうしようもなかった不幸な生い立ちを社会全体の責任として支援・治療していく加害者臨床の視点を持たなければ、いかにその親を子どもから離したとしても、同様の子どもが別のパートナーとの間に生まれてくることになります。

無責任な親は別居親に限りません。面会交流に反対する人たちは、よく面会交流時の別居親による不幸な殺人事件を持ち出して「面会交流は危険だ」と主張します。しかしながら、シングルペアレントによる子どもの殺人や心中件数と比較すると、面会交流を危険視することが杞憂であるといえるばかりか、頻度の高い面会交流によってこそシングルペアレントによる子どもへの虐待・殺人を予防できると考えることができます。また面会交流が危険であるから同居親の同席が必要だという理屈が通るなら、シングルペアレントによる監護は危険だから別居親による同居が必要だという理屈が認められなければならなくなります。

ＤＶ加害親、虐待親に対して加害者臨床が必要だという視点も、親の立場が同居親・別居親であることを問いません。子の連れ去りと引き離しを別居親への復讐と位置付ける同居親であっても、別居親を監護者として指定し、子どもを引き渡すだけではその後の面会交流によって子どもが安心して双方の親からの愛情を受けることは難しくなります。子どもを略取誘拐するほどの心の闇をケアしていくことなしには、子どもがいずれの親の下で育つ場合であっても最善の利益を得ることは期待できません。双方へのそしてもちろん子ども自身に対しても心理的なケアが重要であり、現世代への二次・三次予防が、次世代への一次予防につながることを理解し、十分な支援体制が構築されることを期待します。

(6)求められる法的枠組みと社会制度

これまで述べたとおり、離婚後の共同親権制が採られることで多くのメリットがあると期待されます。ただし、法的な婚姻関係を持たない事実婚の存在や、離婚していない別居状態、共同親権制を採る外国での離婚後の帰国といった問題等があり、必ずしも離婚後の共同親権が法制化されればすべてが解決するわけではありません。

大事なのは、婚姻中も離婚後も両親が協力・共同して親責任を全うすることであり、その権利義務を放棄することや放棄させることがない社会の実現です。そうすると、離婚後の共同親権制はいわば両親の共同養育実現という目的のための手段の一つであると考えられます。

世界的な流れや外圧もありますから、国際社会の中で単独親権制の正当性・合理性を主張し続けることはいずれ難しくなるでしょう。では、共同養育を実現する共同親権制とはどのようなものでしょうか。共同親権制を採るにしても、大きく二つに分けられることを理解しなければなりません。

一つは、原則的共同親権制です。離婚後も原則として両親が親権を有し続け、子どもの監護を一方が担うあるいは分担して担うというスタイルです。この場合、共同親権ではなく一方による単独親権を求めて離婚する場合には、それを求める側がその必要性を裁判所に認めさせることが必要になります。

もう一つは、選択的共同親権制です。前者に比較して、離婚時に両親が共同親権と単独親権のいずれかを選択し、単独親権とする場合にいずれが親権者となるかについて協議・合意するというスタイルになります。現在、共同親権を選択できないことから見れば、共同親権を選択できるという大きな進展があるように見えます。ところがここには大きな落とし穴が潜んでいます。

現在、面会交流や監護者指定の争いは単独親権制であることが大きな要因であることはすでに述べましたが、共同親権と単独親権を選択可能であるとすると、利権関係者は当然、他方親のＤＶ等を主張して単独親権を選択するように助言するでしょうし、ＤＶではなく対等あるいはそれに近しいパワーバランスを持つ両親間であれば相手を刺激してでも自分こそが唯一の親権者として相応しく、相手は相応しくないという主張をして、財産と同様に子どもも自分が手に入れようとするでしょう。端的に言えば、現在の監護者指定調停・審判が、そのまま単独親権と自身への親権・監護者指定調停・審判へスライドするだけになります。これでは、社会制度としての実質的共同養育にはつながらず、現状維持、あるいはこれまで法的争訟に発展させずにあきらめていた層のニーズを掘り起こし、離婚利権弁護士の新たな食い扶持の創造という事態になりかねません。

離婚しても親である以上、子どもが成人するまで親としての責任を免れない、そして他方親との共同親権者としての関係から解放されることはない、という法的前提と社会的認識が、衝動的な連れ去りを抑止する効果を生み、非難と攻撃の連鎖ではなく、対話と和解を進める大きな力となります。

原則的共同親権制の次に重要だと考えられるのは、連れ去りの禁止です。諸外国のように刑法で明文化することができれば、警察官が対応可能となります。連れ去らなければならないほどのDVや虐待がある場合には、客観的な判断が下されるまで、子どもを第三者に一時的に預けることで、「子どもの為に一緒に逃げました」という強引な主張を退け、その後の和解や不要な対立を予防することができます。ここで大事なのは、預け先機関となる第三者が、現状の男女平等参画利権から独立していることです。人的にも経済的にも独立した機関でなければ、女性センターによる、「男性は常に加害者である」というバイアスと同様に、「子どもを預けざるを得なかったのだから夫によるDVがあったと認められる」といった不合理な論理によって自動的に母親が監護者に指定されることになります。

従って、連れ去りの禁止の刑罰化に合わせ、DV法が改正され、一方のみの主張や「相談記録」によるDV認定などがなされずに、物理的な証拠が存在しない場合にやむを得ないとしても、加害者とされる者の言い分とその証拠との照合や、被害者の陳述から被害を訴える者の得ようとしている利得の推察等を合理的に考慮した認定・対応が必要であるといえます。

子どもの立場からは、当然に不当な連れ去りや引き離しを心理的虐待、あるいは子どもの心理的ニーズを無視したネグレクトとして虐待防止法に明文化することが必要です。子どもの意思に従って面会交流をしないという主張は、客観的・合理的理由がなければ、同居親側が子どもの片親疎外症状の改善に係るケアを怠ったものとして認識されることが必要です。

(7) まとめと提言

子どもの健全な成長・発達のためには、両親・社会・法律といった側面からの支援とそのための改革が求められています。両親の離婚を経験する子どもの数を鑑みれば、現在の子どもや親への支援は、将来的には国全体の在り方を左右する重要性を有していると考えられます。国民の人権・幸福感、家族の相互扶助、経済、外国との協調、人口問題等にも絡み、改革の歩みを進めなければならない時が来ています。

【子を連れ去られた親の心理について】

(1) 調査研究が示す心理的苦痛

筆者が平成28年に実施したアンケート調査（平成29年11月に心理臨床学会で発表）では、子を連れ去られた別居親は、ＰＴＳＤ症状や抑うつ症状・うつ病をかなりの高率で呈し、自死念慮を有する場合もあり（回答者の３分の１）、一般的なＤＶ被害者が受ける影響を超え、極めて深刻な心理的苦痛を経験する可能性があることが明らかになりました（ＰＴＳＤや抑うつ以外にも適応障害、パニック障害と診断されたとの報告もありました）。

実際に筆者の知る限りでも自死された方も少なくなく、自死に至らずとも精神疾患を発症したり、仕事が続けられず退職したり、不眠のため心療内科で睡眠導入剤を処方されたりする方が後を絶ちません。

(2) 連れ去りの衝撃

一般的にＰＴＳＤを発症する要因は、命の危険に遭遇するといった重度の心的外傷（トラウマ）の存在とされていることからもわかるように、連れ去りや引き離しによって親がＰＴＳＤを発症するということは、命の危険にも匹敵する極めて大きな衝撃であるといえます。

配偶者に子を連れ去られた場合、それがある程度予見されていたものでなければ別居親は一時的に精神的な混乱状態になることもあります。連れ去りの一週間前に家族みんなでディズニーランドや温泉旅行に行ったという当事者はまれではありませんが、そういったケースでは、子と配偶者の両方が誘拐されたのではないかという不安に駆られることも見られます。

しかし、多くの場合、「別居します」という趣旨の手紙が置かれていたり、翌日に代理人弁護士から通知が届くといったことで第三者による誘拐ではなく、他方親による同意なき連れ去りであるということを理解します。

その結果、子の身を案じて居ても立ってもいられないという状態になったり、一方的に子を連れ去った手口に憤りを感じたり、子がいない生活の喪失感や虚無感に襲われるといった一次的な感情を経験します。ショックが大きいため、その当時の様子を正確に思い出せなくなる方もいます。子の連れ去りの衝撃に加え、家財道具や預金通帳を持ち出されることもあり、そのため、まれに生活に困窮するケースすら見受けられます。

トラウマに対する緊急支援の原則は、安全・安心の確保と現実的な生活支援が心理支援に優先されると考えられていますが、子を連れ去られた親に対する緊急支援は何らなされていないのが実情であり、現実的な生活支援はおろか、この問題を知らない周りの人間から、「子を連れ去られたのではなくて、単に逃げられただけでしょう」と言われたり、「子を連れ去られるにはそれ相当のことをしたからでしょう」と誤解される等、セカンドレイプともいうべき非難を受け、当事者団体の支援に行きつくまで、孤立無援の状態に立たされることになります。

(3) 基本的な家族形成欲求

一次的な連れ去りの衝撃に加え、引き離しが継続することは別居親の心理を徐々に蝕んでいくことになります。

人類の歴史や文化的な差異を見てもなお、人間は集団で生活し、特定のパートナーとの長期的な関係を築こうとする基本的欲求があると考えられます。現在においても社会や文化によって期待される性的な役割には差がありますが、子が生まれたら親として大人になるまで育てることは人間本来の基本的な発達過程であり、男女の差はありません。

世界保健機関（ＷＨＯ）による健康の定義は、「健康とは、完全な肉体的、精神的及び社会的福祉の状態であり、単に疾病又は病弱の存在しないことではない。到達しうる最高基準の健康を享有することは、人種、宗教、政治的信念又は経済的若しくは社会的条件の差別なしに万人の有する基本的権利の一つである」とされていますが、社会の最も基礎的な単位である家族を失い孤独になることは大きなストレスとなります。従って、基本的な家族形成欲求を不当に制限することは、個人の健康を害する行為であり、心理的虐待であると考えられます。

(4) 生活保持義務における不平等感

子を連れ去られた親を苦しめる要因の一つは、国内法が子を連れ去った親の権利ばかり擁護して、子を連れ去られた親の権利を全くといっていいほど無視するという差別的待遇です。

例えば、民法752条は、「別居した場合でも、自己と同程度の生活を保障するいわゆる生活保持義務を負う。」とし、婚姻費用の分担は、生活保護基準を参考にして検討するとされています。生活保護は、日本国憲法第25条第1項「すべて国民は、健康で文化的な最低限度の生活を営む権利を有する。」、第2項「国は、すべての生活部面について、社会福祉、社会保障及び公衆衛生の向上及び増進に努めなければならない。」を具現化する社会保障制度といえます。

そうすると、子の父母双方は別居前の生活を保持する義務を負うのですから、一方が別居以前と同程度の生活を保障するために他方に対して経済的支援を要求可能である一方、子から引き離されている親は精神的及び社会的に完全に良好な状態となるよう子を引き離している親に子との十分な面会交流を要求可能であると考えなければなりません。

裁判所が同居親と子との経済的生活を保障するために別居親に対して婚姻費用や養育費の支払いを算定表に基づき命じておきながら、面会交流については何らの基準もなしに月に一回数時間といった程度に制限することは、子を連れ去られ、引き離されている親に、生活保持義務上の著しい不平等感をもたらし、自死をも引き起こしうる心理的な苦痛を生じさせます。

(5) 離婚時における寄与算出の不合理性

夫婦が離婚するときには、婚姻後に得た財産・資産は夫婦が共同で築いたものとして基本的には半分に分けることになります。これは、例えば夫が就労して妻が就労せず家事・育児を担当した場合であっても適用される原則とされています。

ところが、夫の就労によって得た財産は分割されるのに対して、妻の家事・育児は分割されずに「主たる養育者」として子の監護者指定における優位性が認められることになります。夫が妻の協力があったからこそ就労できたという理屈であれば、夫による収入があったからこそ妻は家事・育児をすることができたと考えなければなりません。

財産分与において夫が「主たる就労者」と認められ、多くの財産を受ける場合にはまだ理解できますが、財産は半分にされ、家事・育児については全面的に妻の利益にされるという法適用の不平等さが、別居親の怒りを買うのは当然のことといえます。

(6) 不公平さや不平等さの最たるＤＶ保護法

配偶者からの暴力の防止及び被害者の保護に関する法律（以下ＤＶ防止法）には、いくつかの問題点が指摘されています。まず、虚偽の申し立てに対する防御の困難さです。ＤＶ防止法では基本的に加害者とされる者の言い分を聞く必要がなく「ＤＶ案件」として配偶者暴力相談支援センターまたは警察が受理することになりますから、疑わしきは罰せずという刑事訴訟法の理念は関係なく、「疑わしきは罰せよ」という立法趣旨であると考えられます。さらに裁判所はこれら相談機関の資料をもとに、加害者とされた者の反論を聞かずに保護命令を発することもできます（法14条1項但し書き）。

より大きな問題点は、虚偽のＤＶ申告に対しての罰則が軽すぎることと、罰則対象が限定されることです。虚偽の記載のある申立書により「保護命令の申立て」をした者は、10万円以下の過料に処される（法第30条）、とされていますが、虚偽ＤＶの申立てによる被害は、保護命令の申立てをされた場合に限りません。保護命令の申立てを行わずに虚偽のＤＶを訴えると、裁判官がＤＶがあったとの心証をもって監護者指定や面会交流の審判を下しやすくなりますが、保護命令の申立を行っていないために虚偽ＤＶの申告によって実害を被っているにもかかわらず罰則対象とすることができません。

仮に保護命令の申立てを虚偽で行ったとしても、保護命令違反が1年以下の懲役又は１００万以下の罰金とされていることに対して、ＤＶ加害者とされた者が被るであろう社会的・心理的・経済的損失と、虚偽申立者に対する10万円以下の過料ではバランスが取れませんから、「10万円で済むなら虚偽がバレてもいいからまずは申し立てよう」と同居親が考えることや弁護士が教唆することも理に適っているといえます。

これら、訴えたもの勝ちのＤＶ防止法は、いわゆる連れ去り必勝方程式の一部として悪徳弁護士が活用する常套手段となりますが、「悪魔の証明」を求められることや、不公平・不公正な法的手続きに対する怒り感情が表現されると、それ見たことかと高葛藤を主張され、子との引き離しの理由とされます。

つまり「何をやってもダメ」な状態になるため、「学習性無力感」を経験することになり、うつ病の要因となる認知様式変容をもたらし、別居親の精神状態を悪化させる大きな要因となります。

(7) 初回の連れ去りは罪に問われない理不尽さ

別居親を心理的に苦しめる司法上の問題として、初回の連れ去りが罪に問われず、連れ戻しは罪に問われるという理不尽さがあります。

子を連れ去る親が、同居時において他方の同意なく、また裁判所による指示・決定もない中で子を連れ去るためには、緊急避難要件を満たす必要があると考えられますが、裁判所は連れ去り親の緊急避難要件を裁判官の心証によって認める一方、連れ去り親からの引渡しの保全処分を求めた場合、急迫の危険を防止するための必要性の証明を別居親に求め、実際には身体的には痣や傷が確認できないといった程度で保全処分の必要性を認めないという判断をします。

子に急迫の危険がなくても連れ去りを容認する一方で、子に急迫の危険がなければ引渡さなくてもよいというダブルスタンダードが、別居親を苦しめ、悪徳弁護士に連れ去りを教唆させる大きな誘因となっています。

(8) 行政機関や学校等の無理解

行政機関や学校等は、ＤＶの事実ではなく、一方の親によるＤＶの訴えによって住所秘匿や学校行事への参加を拒みます。特に公立学校では、自称単独「保護者」に全権を委ねる教育行政がまかり通っており、保護者たる親権を有する別居親の権利を不当・不法に制限する慣行が見られます。

別居親が、法に基づき実子の入学式や卒業式といった人生の節目に立ち会う権利を主張しても、自称単独保護者の意思に基づきこれを拒むという人権侵害が行われており、このような人権侵害機関が多くの子ども達の教育に当たるということは、将来的に人権侵害を厭わない人格を形成する基礎となるのではないかと憂慮されます。

多くの別居親は、法律が弱者を苦しめるために存在し、法に従った主張をしてもなお法に基づかない人権侵害の被害（行政によるハラスメント）を受けることに絶望します。

(9) 面会交流中の事件

一部の親は心理的・精神的な問題を抱えているために婚姻関係を継続できなくなるのですが、これまで述べたように子の連れ去りや引き離しを原因として別居親の心理的・精神的な状態を悪化させることがあります。

面会交流中に別居親が子を殺してしまうという痛ましい事件があり、連れ去り利権関係者は面会交流が危険であると述べたり、別居親は危険であると述べたりします。実際には、子の虐待件数の多くは、同居親の8割を占める実母によるものであり、子が死にいたる虐待であっても実父ではなく継父や実母の新しいパートナーによる場合が圧倒的に多いのですが、報道機関の無理解によって面会交流を求める別居親はさらに心を痛めることになります。

⑽ 片親疎外の苦痛

親が子を愛していればいるほど、片親疎外による子の拒絶に心を痛めることになります。子と十分な関係性を築いている親であれば、第三者に誘拐された子が自分を嫌いになるなどということは想像もできないことでしょう。しかしながら、一方の親の都合によって連れ去られた子は、その親の感情や言動に影響され他方の親を実際に拒絶するようになり、やがて自発的に別居親に対する否定的・拒絶的意思を主張し、嫌悪感情すら表現するようになります。

一部の同居親は別居親に対する個人的な復讐として、子を片親疎外の状態に導き、別居親に対する拒絶を「子の意思」であるとして主張します。こういった同居親は自分とは異なる子の人格や人権を無視しており、将来的な子の人格形成に取り返しのつかない悪影響を及ぼしているという自覚を欠如しているため、子を監護すべきではないのですが、残念ながらほとんどの調査官と裁判官は将来的に子に与える影響について無知であるため、現時点の表面的な片親疎外状態の子の意思を採用します。

本来、虐待をする親に対してであっても子はその親を悪く言うことは極めてまれであるところ、監護者指定や面会交流における審判では、子の意思が片親疎外によるものと別居親の主張を十分に考慮せず、その立証を別居親に求めます。

引き離し後、初期において別居親が直接子の意思を確認させることを妨害し、片親疎外完成後に自分を愛していた子の豹変を別居親に突き付けるという手法によって、同居親やその代理人弁護士は同居親の持つ復讐心を満たそうとし、別居親はそれに対抗して攻撃性を増すか心理的な不調を来す場合が多く、いずれも面会交流の制限要因として主張されるということになります。

(11) 祖父母の受ける影響

別居親側の祖父母は、直接的に面会交流を要求することができないため、孫に会えない寂しさを慢性的に抱えることになります。祖父母にとって孫がたった一人しかいなく、自身が病気といった場合でも、お見舞いにも行かせようとしない同居親は実際に多くいますし、孫に会いたいという夢を抱き続けて亡くなっていった方も多くいらっしゃいます。

法的には親権を有さない祖父母が面会交流を求めることはできませんが、個人の生涯発達と上記「健康」の概念から、孫を含めた家族の重要性は今後もっと検討されるべきです。

同時に、子（祖父母から見た孫）の立場から検討すれば、自分のルーツを知り健全なアイデンティティ形成を達成するために双方の祖父母との交流は重要であり、自分を無条件で愛してくれる祖父母の存在は極めて重要であり、父母の別居や離婚によって一方の祖父母と引き離されるべきではありません。

特に、乳幼児期に祖父母と同居していた場合などは、祖父母が重要な愛着対象であることが多く、その場合には子と祖父母双方に大きな心理的影響が生じることになります。

⑿　まとめ

子を突然連れ去られたり長期間引き離されたりすることは、それのみによっても多大な心理的ストレスとなり別居親を苦しめます。それに加え、資産の持ち逃げや虚偽ＤＶの訴えと高葛藤の責任転嫁、行政機関や学校等の無理解、そして片親疎外状況にある「子の意思」を声高に主張されることによって、別居親は命の危険と匹敵する心理的苦痛を受け、学習性無力感や絶望感は別居親の生きている実感や生きる意味すら失わせることになり、これこそまさに最悪のＤＶであると言わざるを得ません。

【子を連れ去る親の心理について】

1．夫婦関係要因

(1) 個人的要因と関係性要因

状況や関係性に関わらず一定の行動・態度を示しているのであれば、その範囲においてその人のパーソナリティが評価できますが、特定の対象や対人関係において異なる行動・態度が見られるのであれば、全体のパーソナリティとしてではなく、関係性の問題として評価することが重要です。「あの人は悪い人だから子育てができない」という理由で子を連れ去ることは、その人との関係性においてのみ見せる悪い行動であり、それ以外は健全なパーソナリティである可能性を考慮していないという点で大きな問題があります。

子どもを連れ去り引き離しを継続する同居親には、「まさかあの人が」と思われるほど、他人から見たら「いい人」も少なくないのです。こういった人の多くは、医師や警察官や裁判官との関係性では、「決して興奮せず、暴言を吐かない人」として振る舞います。彼ら・彼女らはその行動をうまく使い分けることで、自分が被害者であることを演じることができるのです。彼ら・彼女らの警察官や裁判官との関係性の中でのみ見せる行動をもってパーソナリティ全体を評価すべきではないのです。

(2) DVと夫婦喧嘩

DVの本質は、一方が他方の意思決定や行動を支配しようという意識的・無意識的意図を有する場合に認められるべきであり、相手を自分の思い通りにしようという明確な意思や本人には言語的に意識されていなくても、無意識的な思いこみがある場合にはDVが認められるべきです。

複数の立場・役割で相談を受けてきた専門職であれば、初めに「被害者」の訴えたDVが、客観的な証拠の提示によって、全くの虚偽あるいは誇張された夫婦喧嘩であったということを経験していることと思います。心理職や精神科医であれば、「被害者」が訴えた加害者の行為であっても、実は被害者が行った行為であったということも経験しているかもしれません。精神病による現実吟味能力の低下や、B群のパーソナリティ障害を持つ場合には珍しいことではありません。しかし妄想といった精神症状ではなく、被害を訴える者が、「加害者」と指定した一方に対する何らかの強い加害意図や支配意図を有する場合には、その訴えの中に、被害者（であると自称する加害者）による本質的なDVが隠れていると見抜くことが必要です。

DV加害者には無意識的な支配意図があるものの、それが意識されず自分では正当な主張をしているだけであるという人が多くいます。物的・経済的・心理的・性的な見返りを求め、相手の人格を尊重しません。ですから、殴ることの正当性を述べるものの、殴られる痛みや、家計費を渡さないことで生じる生活への不安や、少額のお小遣い支給による労働意欲の低下と劣等感の存在といったことに共感することができません。寛容性ではなく、自分がやられたらそれ以上にやり返すことが重要であると考えていますから、相手の大事にしているものを奪い、または遠ざけることで相手を悲しませ、心理的な優位性を示そうとすることも見られます。実際に真のＤＶ加害者の中には、相手を支配すること以上に相手を苦しめることを求めている者も多く存在します。

2．連れ去りと引き離しの本人要因

(1) 産褥精神病

産後うつは、母親になった女性だけに生じるのではなく、父親になった男性にも生じることが知られてきましたが、やはり出産やホルモンバランスの変化を経験する母親に多いということは事実でしょう。産後うつと診断されずとも、母親は愛情や関心が赤ちゃんに向きやすく、父親を含む他者に対して批判的・拒絶的な感情・認知をすることがあり、人が変わったような態度を取られることにストレスを感じた父親が、母親の攻撃を受け止めきれなくなると夫婦喧嘩が始まり、自分が不当に攻撃されていると認識した母親が家を出て実家に戻るといった構図が見られます。

(2) 元からの精神疾患やその他の心理的問題

精神疾患等により、他者の感情への想像力が低く、自分の不安を抱える力が弱い傾向がある親がいます。承認欲求を満たしてくれる存在への依存が生じる場合もあり、他方親や子どもの気持ち・将来よりも、刹那的な承認と快楽を求め不貞行為を働くこともあります。

子どもが自分を求める姿によって承認欲求を満たし、子どもがいつまでも疑いなく自分に従い求めることを期待し、結果的に子どもの心理的自立を妨げ自分の思いで子どもを支配しようという態度や依存が生じることもあります。

こういった親の場合、他方親が、自分と子どもとの1対1の親子関係に入ってくることや、子どもが他方親に懐くことを快く思わず、子どもを連れ去って依存・共依存関係を継続させようとすることがあります。

(3) カサンドラ症候群

配偶者の一方に自閉症的傾向や他者感情への想像力の欠如、共感能力の低さなどが認められる場合、他方配偶者は情緒的交流による必要な心理的満足を得ることができず、慢性的な不安や抑うつといった心理・精神的症状、頭痛や不眠といった身体症状を呈するカサンドラ症候群（正式な診断名ではありません）と呼ばれる状態に陥ることがあります。

他方親が自閉スペクトラム症と診断されるような発達障害を有していない場合でも、配偶者と情緒的交流ができない生活を過ごす場合には、心理的・精神的影響が生じ、その影響・症状の副次的効果によって、常識的な思考や正しい選択が妨げられる可能性があることを示唆しています。他方親が常にイライラしたり家事を手伝ってくれないのは、他方親に対して共感せず情緒的支援を与えていないために生じている他方親の呈する「症状」なのかもしれません。

(4) マターナル・ゲートキーピング

自尊心が低く、他者評価によってかろうじて承認欲求や自己存在感を満たしているような専業主婦・主夫は、他方親の家事・育児に対して拒絶的であることもあります。一見、要求水準が高いだけのように見えますが、育児不安や家事労働の支配的立場への介入拒否といった要因が存在することが多く、夫婦間の協同による相互理解や相互承認の妨げになり、不和の要因となります。

3. 連れ去り・引き離しの要因・機序

(1) 正当な避難と保護

子どもにも危害が生じるのであれば保護しなければなりませんが、これは一時的な避難や保護であるべきであり、主観のみによる危険性の判断や自力救済が認められその後の監護が継続する場合には、連れ去られた後の子どもの危険性を理由に行われる緊急避難としての連れ戻しを違法とすることとの公平性や公正性が保たれません。

従って、避難と保護を行う場合、子どもが一方の親から継続して保護・監護を受けるべきではなく、その正当性と監護の継続の妥当性が判断されるまでは第三者による保護がなされることがその後の子どもの奪い合いを避ける意味においても重要になります。

(2) 遺棄

子どもの監護者指定の審判で、同居親からよく主張されるのは、別居親は家事・育児が「全く」できず生活能力や子どもの監護能力が「欠如」しているということです。実際にそうであるならば、同居親は、家事ができず生活能力がない別居親をそれと知って遺棄したと考えられます。

実際には子どもの監護が最低限度できないほどに家事育児能力が低いという別居親は極めて少なく、当事者間の了解のもと、就労と家事の分業による実態のなさや経験不足であり、少々の家事能力の差は、実質的な子どもの利益につながる経済能力の差に比べれば些少であることがほとんどです。

(3) 攻撃・復讐心

連れ去りが行われた後に別居親から面会交流が求められても拒否する、あるいは月に1回2時間といった最低限度しか認めないことには、大きく二つの要因が考えられます。一つ目は、別居親に対する攻撃や復讐といった心情の存在です。別居親が子どもを愛していた場合には、特に連れ去りと引き離しによって別居親の心を傷付けることが可能であり、同居親の復讐心を満たすことができます。

(4) 合理化

連れ去りや引き離しは、実行するまでに大きな不安をもたらしますが、連れ去り後は更に大きな不安をもたらします。連れ去り後の初期における大きな不安は、自分の行った連れ去りは「誘拐」なのではないかという罪悪感から生じる不安です。

そのため防衛機制としての「合理化」が生じることになります。自分の行為は正当な理由に基づく妥当なものであり、何ら責められるべきものではない、と自分自身を納得させることが必要になるのです。その結果、別居親が悪いということを過剰なまでに吹聴することになります。多くは同居親が子どもを連れ去らなければならなかったほど大変だったという主張によって別居親に非があるということが認められる一方で、別居親が同居親に非があると主張することは、葛藤を激化する態度を有していると判断されるために司法によるダブルバインド状態に陥ることになります。

(5) 実際の恐怖心

防衛機制は本人にはそれと意識できるものではないので、連れ去ったことを自我が正当化するため、連れ去りによって当然生じる別居親の怒り感情を、同居時における別居親の普遍的態度であったと自分の記憶を都合よくすり替えたり、実際にトラウマ反応のような症状を呈する場合もあります。遅発性のPTSDとの鑑別が必要になりますが、同居時のカルテを開示するように求めても拒絶したり、開示されたカルテを見ると、診断した医師が同居親の主張を鵜呑みにして客観的な根拠を有さずに診断していることが見られますから、遅発性のPTSDではなく、詐病や自己暗示によるPTSDと鑑別することは容易です。

専門家は、怖かったから連れ去って逃げたのか、連れ去って逃げたから怖くなったのか見分けなければなりません。

(6) 経済的搾取

同居親の中には、子どもの連れ去りと引き離しを結婚前から企んでいたいわゆる結婚詐欺ではないかと疑いたくなるような人もいます。経済的搾取をする人の典型例は、連れ去りの理由として、切迫した危険としてのＤＶを主張するものの、緊急避難というべき態様ではなく、計画的に別居親名義の預金通帳まで持ち出して逃げるパターンです。その後の返還要求にも耐えられるように連れ去り前に秘密の通帳に十分なお金を振り込んでおき、なお、経済的ＤＶを受けていたから自分にはお金がないなどと主張し、別居親から吸い取るだけ吸い取ろうという人もいますし、こういった倫理観のない方法を教唆する弁護士は、決まって養育費の振込先を弁護士口座に指定するよう同居親に指示し、このピンハネ行為を、ＤＶから同居親を守るための手段であるなどと主張します。

(7) 祖父母との関係

残念ながら、子どもの祖父母の中には親による子どもの連れ去りと引き離しを容認するどころか、積極的にそう仕向ける人たちもいます。自分の子どもの自立に耐えられない祖父母がチャンス到来とばかりに、以前の依存・共依存や不健康な支配関係を再現しようとします。別居親に対する疑念を植え付けたり、祖父母宅での生活の安楽さを強調したりと、様々な餌を撒き、中には同居親の代わりに祖父母が率先して子どもを連れ去る「主犯」となって同居親を囲い込み、子どもの片親疎外と合わせて同居親の配偶者疎外を導くケースも見られます。

(8) 連れ去り後の子どもへの影響力の行使

同居親による片親疎外を導く子どもの支配は、子どもの尊厳を傷つけ、奪い、人格を否定するものです。通常は別居親を罵るような子どもへの脅しの後、別居親との面会交流についての意思を確認するなどさまざまな形態の心理的虐待が組み合わされます。

同居親が別居親に対して否定的言動を言っているときだけが心理的虐待となるのではありません。子どもが同居親の機嫌悪化を恐れ、不安を引き起こす言動に怯える日々は「暴力に支配された生活」であり、継続する著しい人権侵害なのです。継続する虐待の影響を受けた子どもに生じる複雑性PTSDや発達性トラウマ障害などといった精神疾患を引き起こしうることを、特に監護評価を行う家庭裁判所調査官には知っておいていただかなければなりません。

4. 連れ去り親の支援

(1) DV加害者としての支援

子どもの連れ去りを行う親は、DVの被害者である可能性もありますが、それに勝る加害者である可能性があり、いずれの場合でも支援の対象となる可能性があります。DV加害者に対する「矯正」

プログラムにおいて、被害者の傷つきを認識することが重要であり、またそれだけでは不十分なように、子どもの連れ去りという心理的DVを行う加害親に対しても、子どもを連れ去られた親の苦痛を認識させることが重要である一方、やはりそれだけでは不十分であり、その背景を十分に考慮し、刑罰化するだけではない心理的支援を行う必要があります。

(2) 片親疎外をもたらす態度の理解

同居親の別居親に対する態度が明示されなくても、子どもには影響を及ぼすことを理解しなければなりません。子どものことは自分が一番わかっているという思い込みを捨て、複数の立場・視座から助言を受けられるよう離婚後の同居親に対する親教育は義務化されることが望ましいといえます。

(3) 虐待の理解

子どもが他方の親を否定するように仕向けるという直接的な作為、そして子どもが片親疎外に向かっていると知りながらそれを放置する不作為は、子どもの心を著しく傷つけ、健全な発達と成長を阻害する心理的虐待やネグレクトであるということを理解しなければなりません。

連れ去り親が自分の行った過ちについて深く反省し、子どもと別居親に対して謝罪の気持ちを持てるように、その生い立ちや背景にメスを入れ、加害者臨床の視点をもって向き合うことが、連れ去り親の心の傷を癒し、自分と他者の両方を大事に考えられるようになるための大きな支援となるのであり、専門家が連れ去り親の「合理化」を見抜けず、子どもの監護を無条件に継続させることは、連れ去り親から発せられている魂のＳＯＳを無視し、真の幸せに向かう大きな一歩を奪うことになると心にとめておく必要があります。

相談者を辞める者です

この拙書の執筆中に、Twitterでとある文章を見かけた。「相談員を辞める者です」と題されたその文章は、行政の女性相談窓口の現状を訴えるもので、そして鬱積した想いが書き綴られていた。出典元を調べると、子どもの連れ去り被害を訴える、とあるブログのコメント欄に寄せられた文章である事がわかった。

※「相談員を辞める者」は長い投稿の後半部に「私はまやかしの多いＤＶ案件に嫌気がさして、相談員を退任する」と書き残し、姿を消した。これより以降、本投稿以外の書き込みや動きを探ることができなかった。本来であれば、この「相談員を辞める者」ご本人に直接お話を聞き、取材をしたいところであったが、連絡が取れなかったため、拙書の筆者が「相談員を辞める者」の投稿文を抜粋拙書に引用した。ご了承頂きたい。

引用元 https://blog.goo.ne.jp/ohanaohanahana/e/66eceddc1914c9b592eab72eab6d9303

「ｇｏｏブログ始めました」２０１６年8月26日投稿　面会交流法制化反対

1　ＤＶ相談の実情

「私はＤＶという安易なレッテル付けによって多くの家庭が崩壊してきた様を見てきました」

「（夫婦不仲に）行政が介入してレッテルを貼ることで、家族に多大な影響を及ぼすことに、私は大きな懸念を抱いています」

「相談員を辞める者」は、子どもを自分勝手に連れ去り、もう片方の親との交流を遮断する虚偽ＤＶ申告者を「鬼畜の所業」と呼び、「主に自己愛性人格障害、境界性人格障害、自己同一性障害を引き起こしている」と指摘している。要約すると、本当に殴る蹴るなどの暴力を振るう夫は、相談者の中の１～５％程度であり、その真正ＤＶの場合であっても、実は夫婦共に殴り合っていたり、先に妻の方が妄想や思い込みから来る恐怖で夫に暴力を振るい、これに夫が反撃するというケースが少なくない。夫の一方的暴力が酷く、妻が逃げられない場合の多くは、高齢の夫の認知症を起因とする暴力という場合で、加えて妻の身体が不自由だったり、病気がちだったりなどして、妻が簡単に外出することができないというケースだ。そのような場合には通常、警察の協力を得て夫婦をそれぞれ別の病院に入院治療させることになる。

子育て世代のＤＶ被害は、妻の話の辻褄が合わない、妻の生育環境に問題が多い、精神科医療を進めても妻側がそれを拒否し継続できない、社会適応に問題がある等々の特徴があるという。そういう「偽物のＤＶ相談者」によって行政機関は疲弊し、迷惑を被っている。

２　行政現場の現状

「相談員を辞める者」は、「連れ去り親からの児童洗脳を防止する観点からも、法により子どもを問している。

接的に守ることは立法府の努め」と綴り、行政現場の現状や限界、行政と立法府間のギャップも指摘

DV相談にやって来る女性は、実態のない恐怖や不安を感じている場合が少なくない。被害妄想とまではいかないが、怖がる必要のないものをそうと決めつけ、また自分を追い込むことで、本来抱えている自分自身の問題から目を背けようとしている節がある。ほとんどの相談員も含めて、長く相談員を務める「相談員を辞める者」は、そういう点はしっかり見抜いてはいるものの、「寄り添う」という名目で「そうなのね、怖かったわね」と話を合わせつつ、相談者の実態のない恐怖を否定しない。何故ならば、そのように内閣府（男女共同参画室）から指示を受け、マニュアルを渡され、繰り返し訓練を受けているからだ。

内閣府（男女共同参画室）は、行政現場にそのような実態とはかけ離れた指示や通達を出し、教育している。それにより相談員は、これに反することを行政機関の中で公言することができない。内閣府や警察庁の白書で見るデータは、多くの現場と差異があり、作為的にカウントされた眉唾なものではないかという印象を多くの相談員が持っている。

相談員はマニュアル通りに相談を処理する関係上、「これは本当にDVとして判断してよいものか？」と思うことまで相談証明書を作成する。それはあくまでも「相談を受けました」という証明書であり、DVを受けた証明ではない。相談員はDV被害相談者を擁護し、あくまでも寄り添うという「通過儀礼的な職務」をこなすものの、その後の継続相談で、DV被害が虚偽や誇張案件であること

が発覚することも多い。その結果、警察署が恥をかいたという話もよく耳にするという。

3　警察の冷ややかな目

警察においては、これは正式な通達ではないが、警察本部レベルで、事件となるような要素や、対象者（ＤＶ相談者）に心身の危険が及ぶような事情がない案件については、より「慎重な対応」が求められているようだ。「慎重な対応」とは、架空の話で振り回されることがないよう充分に聴取するように、という意味である。刑事的な問題であれば警察も処理に困ることはないが、警察が捜査できる案件は極めて少なく、逮捕されるような事件に発展するケースは、上述の通り高齢夫の認知的疾患によるものがほとんどである。そのため近年、安易にＤＶ被害を訴える相談者が非常に増えている一方で、警察は、実は冷ややかな目で見始めているのが現実だ。

4　ＤＶ相談者の本当の望みとは？

「相談員を辞める者」によると、ＤＶ相談にやって来る者の中には、お決まりのように相談後に生活保護の申請を申し立てている者もいるようだ。そのためＤＶ被害を訴える相談者には、実家へ帰って生活を安定させること、並行してカウンセリングや精神科医療につなげることを指導・勧奨することもある。しかしこの一連のサービスは、予算の少ない市町村役場にとっては大きな負担となっている。可能であれば、実家の両親の協力の下、家族再統合などの話し合いを行うのが望ましいところだが、両親が非常に非協力的かつ頑なで、相談員の話に聞く耳を持たないケースが多い。実のところDV相談者が抱える問題は、元の家族の中で培われた悪しき伝統の中で生まれた有り得ない被害感情であることが、多くのケースで察知または指摘されている。

5　妻（子の母親）について

「子どもは天からの授かりもので、母親一人に与えられた『お人形』ではない」と「相談員を辞める者」は言う。「市町村役場に入る児童虐待に関する相談のほぼ100％が、加害者は母親または祖母であると、ご近所から名指しで通報されてくる。それが実情であることを母親たちは肝に銘じておくべきだ」と彼女は続けて釘を刺す。相談員の間では、問題のある母親を「困難者」という隠語で呼ぶそうだ。生活、健康、育児、経済、就労、それらすべてに問題があるという意味だが、行政上の用語ではない。母親たちは様々な問題において非常に困難な状況に自ら陥っている。

6　夫（子の父親）について

一方夫について「相談員を辞める者」は、「婚姻、出産、そして育児と続くライフイベントをもっと大切にしてほしい」、「妻（子の母親）の体調の変化、気性の変化に気がついてあげるのが肝要」とアドバイスする。相談者の多くは「私の気持ちを夫が分かってくれない」というもので、その満たされない気持ちはだんだんと被害感情へと肥大するという。女性の中には、そのような些細な事をきっかけに被害者意識を持ってしまう精神構造を持った人が多い。その多くは、責任感を持って家事・育児に取り組んでいる真面目な女性である。その真面目さに、しっかり向き合ってサポートできるのは夫しかいない。そうした夫婦間の労《いたわ》りや協力する姿を見て、子どもは育つものではないだろうか。妻が真面目であるがゆえに、深刻に考えすぎて、真面目な実家の両親のもとで、頑なに自己愛に偏重してしまうケースは決して稀ではない。世の夫（男性）は、そうした観点から、女性と真摯に真面目に向き合ってほしい。それでほとんどの家族は救われる。こう「相談員を辞める者」は綴っている。

7　虚偽ＤＶ（子どもの連れ去り問題）解決への提言

「相談員を辞める者」は問題解決の提言も書き添えている。

ＤＶ法を廃止して刑法が家族に立ち入る権限を強めること、親族間のトラブルを警察が事件化できるようにすることを希望する。そうすれば相談に訪れる方の１００％が解決するだろう。これは全てが事件化するということではなく、「事件として扱えるレベルではない（虚偽・詐称）」案件が95％以上あり、それらが「ＤＶではない」と却下されて、残りの約１～５％の「真正ＤＶ」は、配偶者が刑法犯として検挙され、解決するというものだ。

結局のところ、ＤＶ相談者は物理的な保護ではなく、精神的なケアを望んでいると「相談員を辞める者」は指摘する。ＤＶ相談者は精神的に満たされれば、それで事足りるはずなのである。

司法の現場からのまなざし

弁護士 古賀礼子

1 子の連れ去りとは

日本では珍しい「子どもの連れ去り問題」専門書となる本書を興味深く監修させていただいた。私自身、法曹増員を含む司法制度改革後、ロースクール進学を経て、ようやく司法試験受験資格を得ながら、やっと弁護士になった身であり、まさに谷間世代（司法修習生に対する給費制が終了し、給付制が開始するまでの、6年間貸与制しかなかった世代）当事者であるから、法曹界の実情を体感としてよく知るからこそ、苦笑しながら読ませてもらった。

弁護士の活動領域は幅広く、仕事の仕方や稼働力は多様だ。離婚をはじめとする家事事件をそもそも扱わないという弁護士も実は多いだろう。だからこそ、家裁の現場で何が起こっているかについて、全弁護士が把握しているとも限らない。そうすると、悪徳弁護士像を描かれても、現実味を感じないという弁護士が多いことになる。家事事件に詳しくないから、母性優先の原則をぼんやり信じている場合もある。母性優先とは、必ずしも母親優先とは限らず、要は、愛着関係を形成している場合に、「裁判所」が、その関係性に変容を加えることについては謙抑的であるべきとするものにすぎない。継続性の原則も、この裁判所の謙抑的姿勢に由来する。母親優先が確立していたら、「子の連れ去り」

が問題になることはなかったかもしれない。どういうことかというと、母親が連れ去れば必ず不問であり、父親が連れ去れば必ず連れ戻すというルールが確立していれば、母親が子連れ別居をしても、当然不問になるから、父親は、それを「子の連れ去り」問題にはしない。また、父親が連れ去れば必ず連れ戻すことになるから、父親は「連れ去り」をしない。問題は、このルールが、明文で規定されていないし、おそらく立法化を試みても、さすがに一律に適用すべきルールとしては、受け入れられまい。法の建前は、父親も母親も平等に規律することが求められている。しかし、社会の意識まで、男女対等が徹底しているといえるだろうか。アンコンシャスバイアス（無意識の偏見）がまだまだ蔓延している。父親も母親も対等に養育に携わるものという思想がまだ浸透しきっていないのが現実だ。

それゆえ、親権者は母親であるべきだという思想が隠れてみえる。しかし、法は、父母が非婚の場合にも、出生時点こそ母親を親権者としてスタートさせるが、父親も親権者として指定する（「変更」ではない）ことができるとして（民法８１９条第４項）、親権者となり得る地位において特に父と母の差異を打ち出してはいない。まさに、法が、父も母も親権者として指定される余地を残しているがゆえに、「夫側に先手を打たれて逆にお子さんを連れ去られたらどうするんですか？」というリスクに直面することになる。

2　昭和婚から令和婚への変化

長く、固定的性別役割分担が徹底していた時代があった。父親になる男性の多くは長時間労働に従事し、家族を養うために稼ぐことに専念していた。一方で、母親になる女性は、家事労働に専念することになる。自ずと、子どもの「主たる監護者」が定めやすい状況にあっては、主たる監護者が子連れ別居をすれば不問とし、主たる監護者ではないものが子連れ別居をした場合には、連れ戻すという運用が通用した。結果、やはり「父母が離婚した場合には、親権は、母が行う」ことになる。

しかし、時代は男女共同参画、女性の活躍、イクメン推奨、男女共に働き稼ぎ、そして、育児をする時代を迎えた。エルゴをするパパ、ベビーカーを押す父、保育園等の参観日が平日でも父親が参加する姿が珍しくなくなっている。父親の育児休業取得率自体は、まだ6％台というが、それでも、この10年で飛躍的に上昇しているし、なにより、正式な育児休業制度の利用ではなくても、多様性尊重観で、有休取得がしやすくなっているなどして、隠れ育休取得者も多く潜在している。父親が育児の実働を担うのだ。家電の進化もめざましく、家事労働の負担も軽減しているから、ますます男女対等に稼ぎ働き育児も分担することが実現可能な時代になった。父子が共に過ごす時間も延伸する。父子関係が良好であることを知っている母親もいる。夫婦が円満なときには、それが何より喜ばしいことではあるが、何かのはずみで、夫婦関係の悪化の兆しに面したとき、主たる監護者を親権者として指定する運用を通用してしまったらどうなるだろうか。

主たる監護者を明確に決定づけることが容易であれば、悩まなかったのに、5分5分といわなくても、ある程度育児を分担している実績がある父母が夫婦関係を解消しようというとき、単独親権制のもと、親権者を指定することが困難に陥る。もはや、裁判所の従来の判断が適切に機能しえず破綻しているのだ。母乳こそ与えられなくても、ミルクを調乳することは父親でもできるから、夜間の授乳や、離乳食づくり、オムツ交換だって、厭わず、わが子にめいっぱいの愛情を注いでいる父親は、単独親権制を前提とすれば、母親の親権を剥奪しうる脅威の存在になり得てしまう。この事態を防ぐには、父親による監護を排斥し、監護状態を独占することが、家事司法において有利になることを知ったとき、どういう行動を選ぶことが合理的かは自ずと判明する。

かつて、監護能力自体が十分でないために、連れ去ろうにも子連れ別居を強行できなかった父親群は、現代においては、監護した実績を自信に、連れ去ってしまえば、実際、問題なく監護を継続しうるだろう。今日、育児とキャリアの両立への理解が普及しているから、イクメンを推奨する会社は、フレックス制を採る勤務体制を活用して、キャリアを損なうことなく、監護を続けることが可能になっていくのだ。養育費を請求せずとも、当面の暮らしに支障がなかったりもする。ただ、夫婦関係が悪くとも、よもや、愛おしいわが子を母親と引き離すことはあってはならないという規範があるから、実際には、躊躇することもあるだろう。しかし、世に「子の連れ去り問題」が周知したとき、その規範が決壊しかねない。現に、今年、何人もの、「別居母」と出会っている。夫にわが子を連れ去られるのだ。

3 別居母が連れ去り問題を解決する

別居母は、例えば、あまりにひどい暴力を受け、命からがら、子どもを置いてでも逃げざるを得ないDV被害者という場合があるが、その場合、「置き去り」を非難され、結局、親権者になり得ないことがあった。単独親権制は、DVからの保護を目的とする制度ではないため、たまたまDV被害者を保護できる使い方ができる場合があったとしても、一方で、DV被害者に親子断絶を強いて、ますます追い詰める状況も孕んでいる。親権者変更手続きも容易ではなく、DV対策は真剣に充実させていかなければならない。置き去りにせざるを得ない場合でも、親であることを否定されない仕組みが、被害者の救済になるだろう。だが、そうした被害者救済に向けての取り組みが活性化している様子は見られず、別居母の存在は見えない問題へと封じられがちだ。

しかし、今や、置き去りにした別居母のみならず、連れ去られた別居母が増えていくことで、対策の充実が急務とならざるを得ない。日本の父親は長く優しかったように思う。国の高度経済成長を支え、ひとり家計を背負い家族を養うため、犠牲になることを厭わなかった。子連れ別居に直面しても、争わず、状況を受け入れたこともあっただろう。そうやって、「円満」に解決したケースも実は多いのだ。わが子に会うことを求めず、ただわが子を想い、送金だけは続けるという父親もいただろう。なんと「理想的」だったろう。それゆえ、「連れ去り」が問題として、裁判所で扱われる場面も限定的になってしまう。監護者指定・子の引き渡し請求の審判とその保全の申立てをいち早く行うことのマニュアルも乏しい。わが子を連れ去られたとき、一刻も早く、行動することが必要であるが、事態に直面して、茫然としているうちに、機を逃すこともありがちだ。子の連れ去りが起きたときに速やかに対処できる弁護士探しに難航してしまうこともあるためである。法律相談を重ねても、消極的な反応が続くこともある。悩んでいるうちに、別居後の監護体制が落ち着いてしまっては、ますます対応できることが限られていってしまう。後手にまわるうちに、逆に離婚を求める調停の呼び出しがあり受動的に応じていくうちに、さらに機を逃してしまう。こうした構造が、「連れ去り」問題をなおざりにしてしまった挙句、現に増加傾向にある「別居母」の存在が、ようやくこの問題の終止符になるのではないかと、悲しくも期待する。

　これもジェンダーバイアスかもしれないが、連れ去られたとき、母親であれば、迷わず取り戻す行動をするのではないか。しかも、その行動を誰も非難しない。親権者は母親であるべきというアンコンシャスバイアスによるのかもしれないが、多くの司法関係者も、連れ去られ被害者が母親であれば、その事の重大性が直感的に理解できる。応援する弁護団も結成されるかもしれない。

　以上は、多くの司法関係者が、親子関係の尊重、維持について動いてくれればよいという願いから、別居側の母の存在をあえて記載した。これはあくまできっかけであり、本来的には、親子関係の尊重、維持、回復が、多くの弁護士の典型的な業務として定着することを願うだけである。そこで、次にあえて「連れ去り対策マニュアル」と称して、どんな動きが考えられるか検討した。これは私個人の考えであり、正解ではない。それでも記載するのは、親子関係回復のための活動が弁護士全体で取り組む検討課題として、その技術が磨かれていくイメージをしたい。弁護士という職業単位で、連れ去り問題の「敵」であるかのような位置付けは悲しいからである。

4 連れ去り対策マニュアル

その内容として想像するのは、次のアクションである。まず、速やかに、監護者指定・子の引き渡し・その保全を申し立てると同時に、面会交流の打診をする。連れ去り後の環境は、他方の親にとって謎であり、また、従来の環境や家族が失われている状況にある。この時点で基本的に緊急事態である。調査官調査を実施し、子どもの養育環境を確認する。悪ければ戻せるし、良いときは、ひとまずの危機を脱することを肯定的に受け止めたい。同時に面会交流の早期安定的継続的実施を実現する。片親疎外症候群を引き起こさないように、裁判手続きを通じて慎重に配慮を尽くしながら、親子関係を継続していく。どこかのタイミングで、夫婦関係調整（離婚）調停事件が係属したときには、離婚には応じない意向を盾としながら、共同養育的解決の実現可能性を模索する。ある程度納得できるのであれば、共同養育的離婚を条件に離婚に応じながら、離婚後の共同養育実践を早期に開始しつつ、何かあれば、親権者変更を含む監護に関する手続きを通じて、共同養育を維持していく。納得できる形での早期解決が実現しない場合には、最小限度でも監護体制を整えつつ、離婚には応じない。離婚訴訟が開始する場合には、やはり、慎重かつ柔軟に、共同養育の実現可能性を引き続き模索する方針は維持するが、一方で、財産分与等の離婚に向けた協議への協力を尽くし、単独親権制特有の離婚時親権者指定制を大いに活用する。そうすることで、数年にわたって裁判所を利用「できる」状況を活用し、共同養育的協議を充実させていく。従来の親権争いは、離婚事由の存否に関する争いとあいまって、親権者としての適格性に関しお互いに罵り合う、毒々しい光景であったが、こうした不毛な展開とは決別し、親心を競い合う形に導くことが重要になる。フレンドリー・ペアレント・ルールというキーワードをふりかざしていては何も産まれない。あくまで、わが子のために、どこまで考え、配慮を尽くせるかということを競う形に限定して、裁判を続けるのである。敵は、離婚請求をする配偶者ではないのだ。無理をすることなく、長期戦を覚悟しながら、心の整理に努め、また、それを一人で消化していくことは大変困難なので、孤立を防ぐ同志との交流・励まし合い、信頼できる弁護士に伴走してもらうことが役に立つだろう。今は、そういう伴走者になれる弁護士を探すことが難しい状況かもしれないが、司法改革を経て・法曹増員を果たしているので、必ずや、見つかることと思う。

技術的には、離婚訴訟においても、子の監護に関しての附帯処分の申立てを欠かさないことである。これまで、養育費の請求に限っては、よく行われていたが、面会交流の申立てができることを世に知らしめたのは、松戸判決※だ。高裁で判断が逆転したため、また、予備的附帯処分のさらに予備的な申立てがなかったため、その意義が普及する機会が遅れた可能性があるが、あの手法は、とても画期的かつ有益な手法なのである。

親権者は被告に指定すべきであることを申し立てるとともに、その場合の面会交流について裁判所に判断を求める。合わせて、仮に、親権者について原告に指定すべきであっても、面会交流要綱中の原告と被告を読み替えた上での判断を求める附帯処分の申立てをしておくのである。

これまで、離婚訴訟において、面会交流に関する主張を尽くしてきた例があっただろう。しかし、裁判官は、これは離婚訴訟だから、面会交流のことは別途調停で検討してください、と切り離していく。これが許されたのは、附帯処分の申立てがないから、面会交流について、人訴の裁判官は考慮することはあっても（和解には盛り込むことがある）、判断することを義務付けられていないためである。

それが、たった数千円の追加の費用負担だけで、附帯処分を申し立てることで、裁判官が何かしらの判断をすることが義務付けられていく。これが裁判官を悩ませていく。調査官調査を余儀なくされるし、これまでの、離婚する、現状を肯定する親権者の指定、養育費と財産分与の算出（双方の年収資料、過去の財産の資料から機械的に数字を算出できる）、年金分割０・５とする判断をくだせば、一応、判決を書くという仕事を済ませることができた運用では通用しなくなる。これまでと大きく異なり、親子関係への配慮を「裁判所」に義務付けることが叶うのである。

そのとき、裁判官は思うだろう。単独親権制を維持しながら双方の親子関係に配慮を尽くすことの困難に直面することになる。裁判官は、自ら単独親権者を指定し、お墨付きを与える際、今後の充実した面会交流の実現に「期待」しておけばよかった。でも、親権者指定と同時に指定の判断を下す人（裁判官）自身が面会交流の内容も定めるとなればどうだろうか。きっと苦しい判断になるはずである。

きっと裁判官こそ、共同親権制への法改正を求めていくだろう。共同親権制への実現を待つ間は、上記手法により、離婚訴訟が長期化することができる。しかも、むやみな人格非難係争に陥らないように配慮するから、長期化といっても、むしろ、時間をかけて、離婚後の養育環境を整えていく機会へと役立てることができる。結果として、共同養育が実現することになることがわかれば、どうせならば「早く」実現しようとする。裁判を待っても、面会交流を判断される。裁判所が命じる硬直的な面会交流が好ましくないことは知られていくので、なるべく和解的解決が好まれていく。あるべき家裁が実現していく。

これを叶えるのは、別居親側から依頼を受ける弁護士のスキルだ。さもなくば、長い争いの中で人格的非難を繰り広げる抗争が続き、当事者は疲弊する。数年来に及ぶ裁判手続きで失うものも大きい。最初に連れ去ったがために、誠実な協議の機会を逃すと、毒々しい係争に深入りしてしまう。この現象を「連れ去り毒」と呼ぶことで、わが子の幸福を願う父母が、連れ去り、およびその先の親子断絶を自ずと回避していくだろうと確信している。

5 共同親権法改正

上記、「連れ去り毒」の周知により、単独親権制を維持したまま共同養育的解決は選択可能であるし、実現できるよう、弁護士が伴走していくことに意義を感じていたので、2018年夏の、共同親権法改正の検討報道に始まる、共同親権に関連するムーブメントについては、正直なところ、全く期待していない展開だった。率直にいって驚いている。

実は、すでに、現行の戸籍においても、離婚後の共同親権は選択可能だという。諸々の条件をクリアした場合に限るので、ハードルは高いが、在外日本人夫婦が海外で離婚後、共同親権を指定して離婚することが法的に有効であり、そのことを日本の戸籍係に届出ると、現行の戸籍制度においても、親権者指定欄に父母との記載がされるという。親権は戸籍記載事項であるため、戸籍制度の抜本的改正が必要ではないかと思い込んでいたが、実は、その必要はないということだ。

しかし、離婚後共同親権を選択できた場合であっても、それは、子の氏の変更や子がよその誰かと養子縁組をするといった重要な場面で親権者として携われるという意味にとどまり、普段の養育監護に関与できるとは限らない。その意味で、共同養育支援が別途必要であることは明らかである。

この支援を公的に実現する基本的宣言が共同親権制度であると理解している。現行の単独親権制においてもたしかに共同養育は選択可能であるが、自己責任に任されている状態である。共同養育を選択するための知恵や工夫、周囲の理解や支援者に恵まれることといった諸々の条件を満たさなければならない。単純な例えでいえば、養育費を多く払える場合には、また面会交流も叶いやすい。しかし、どう逆立ちしても養育費が子どものお小遣い程度にしかならない金額を送金することが自分の暮らしを維持するために精一杯だというケースもある。養育費は、子どもが愛される実感を得るために大切なものであるから、必死に払える金額を送金するだけでも意味があるが、時に、養育費を突き返す、または少額な養育費では恩恵を感じず、面会交流の協力に応じないという現象も見られる。面会交流支援機関も全国に設立しているわけではないから、支援を受けられるか否か格差が放置されている状態である。共同養育の価値が浸透したところで、自己責任として突き放されてはあまりに苛酷だ。豊かな家庭の子は、父母の離婚後も共同養育によって自己肯定感を損なわず、そうでなければ、孤立した苛酷なひとり親家庭環境で将来の選択肢が狭まっていくリスクにも対処できない。現に、日本における子どもの貧困問題は深刻化している。

共同親権へと法改正が実現したとき、単に、戸籍の親権者指定欄に父母との記載が可能になるだけにとどまらない社会的メリットが期待できる。離婚後も父母双方が親権者であるから、学校や児童相談所といった公的な機関が、別居親にも親としての情報提供をしたり、虐待情報があれば共有し、速やかに養育環境改善のための努力を促すことに貢献することが期待できる。裏返せば、現行は、非親権者となった別居親を公共機関は親として扱わず、悉く、養育現場から排斥していく。親権の有無にかかわらず、親は親であるのに、司法に比べ行政の運用は、非親権者であることと親ではないことを混同しがちだ。学校公開日や入学式といった行事への制限など、差別的・排他的対応は、親としての養育権の否定そのものであり、親子が親子らしくある状態を破壊していく。その点の養育権侵害については、国家賠償請求訴訟を通してより詳細に指摘されていくだろう。共同親権になれば、少なくとも、子の成長を見守る目を複数維持できるという意味は、まさに、公共機関が、親を親らしく尊重することにある。親子の関係が尊重されれば、子の養育にかかる実費の負担も分担しやすくなるだろう。親であることを否定されないことが、自己肯定感となって、稼働力も維持・増大するだろうから、生産性がある話なのである。離婚後も自尊心が守られている親は、再び恋愛をして再婚をするかもしれない。そうすれば、また子どもたちが生まれるかもしれないとなると、少子化対策にもなる。共同親権化を理想的な万能な制度とは言わないが、少子化・児童虐待・若者の自殺といったまるで呪いにあふれた日本の現状を打破するきっかけになるかもしれないと期待している。

6　離婚ビジネスについて

最後に、本書で描かれている、「離婚ビジネス」弁護士について言及したい。

まず、連れ去りに関連している弁護士の多くは特段儲けることを目的にこの分野に関わっているわけではない。この点ははっきり言っておく。これは何も弁護士や弁護士会の名誉のために言っているわけではなく、実態と異なる問題の捉え方は、連れ去り問題の解決に資さないからである。その上で、本書で扱われているような「離婚ビジネス」という扱われ方は、単に事実と異なるとして一笑にふせばよいのか、あるいは、単に抗議や批判の対象にして終わりでよいのか。私はそうは思わない。事実と異なる内容は言論で大いに批判・反論すればよい。ただ、親子関係を侵害されたと感じる国民にとって、弁護士や司法がどうみえているか。その「目」の存在自体は法曹関係者も真摯に受け止め意識しておくべきである。

本書に登場する「良心的な方よ」と自称している弁護士はあり得ないくらい正直なキャラクターである。「商売」「身代金」「金づる」と自覚していることを顕わにしているのである。このような自覚があればまだ話は早いのかもしれない。しかし、現実には、こんな「良心的」な弁護士はいないと思う。現実には親子関係への介入という意味で起きている現象は同じでも、それは「金」目当てではなく、「正義感」や「親切心」からなのである。我が子を連れ去られた親からすれば信じられないかもしれないが、これが実態である。

そもそも、婚姻費用か養育費であっても、月額30万円になる例が悉く稀である。法テラスの援助制度を利用した場合に、養育費の月額の一定期間分を、報酬金を算出する基礎とすることがあるとしても、なかなか天引きして儲かる仕組みにはなり得ない。実情としては、かつて離婚の依頼を受けて解決したものの、養育費支払が不履行に陥ったために、強制執行等対応しようにも、通常の着手金の用意が難しい元依頼者に泣きつかれ、やむなく、ボランティア価格で引き受けることもあるという。そうやって、日々弱者の立場にあると認識している依頼者の利益のために真剣に取り組んでいる弁護士に対しては、「離婚ビジネス」という非難が刺さることはない。実際に存在しない思想を非難されても、なんとも思わないからである。とはいえ、「気持ち」の問題は大いに異なるとしても、本書で「良心的な方よ」という彼女は鏡に映し出された姿のようにも思う。誇張されたフィクションであって、実態とは異なるにしても、ある角度から見れば、そのように見える姿であることを受け止めることは、あるべき理想的な弁護士像を守っていくために大切な傾聴になるだろう。

弁護士はたまに次のような質問を受けることがある。「悪い人を弁護するのはなぜですか」と。この質問に対しては、「悪い人とは限らないから」など複数の典型的な答えがあるが、私は時系列で捉えるべきだと思っている。つまり、過去のある時点で人の権利を侵してしまった人がいても、事後的にその人の弁護をすることは必要なことであって堂々と行うことに何の問題もない。しかし、その権利侵害行為自体に関わってしまったり、あるいは、権利侵害が現実に続いているのにこれを弁護することはどうか。ここは、違法性の判断などグレーな問題ではあるが、権利侵害を受けている者からはどうみえるか、すくなくとも、その目の存在を意識し慎重になるべきではある。

「良心的な」弁護士は、語る。「夫側に先手を打たれて逆にお子さんを連れ去られたらどうするんですか？」と。それが、依頼者の不利益になるという確信をもっている。正義がある。だからきっと、連れ去り毒を撃退するために共に闘う同志になるものと祈願する。

ところで、「ここだけの話」を語る裁判官が登場する。誤解を招くような実態はあってはならないと信じている。

以上述べたように本書が描く法曹関係者の「主観」は実態と異なる点があると思う。そもそも、連れ去り問題は、立法内容や司法の運用の構造的な面から発生している問題であって、法曹関係者個人の主観を問題にすることはあまり意味がないかもしれない。それでも、本書をきっかけに法曹関係者の主観について興味を持たれた方には、コリンP・A・ジョーンズ氏の「子どもの連れ去り問題―日本の司法が親子を引き裂く」（平凡社、２０１１年）が参考になるだろう。

※松戸判決：千葉家庭裁判所松戸支部における離婚事件に関する平成28年3月29日判決。別居親である被告が申立てた附帯処分に沿い、親権者を被告と指定した上、原告と未成年の面会交流を年間１００日間行うことを認めた。フレンドリー・ペアレント・ルールによるものと評価される。控訴審で逆転し、親権者は同居親である原告と指定され確定した。

串田誠一衆議院議員の国会質問

衆議院2019年11月27日法務委員会
質問者　日本維新の会　串田誠一衆議院議員

串田誠一議員（以下、串田議員）　日本維新の会の串田誠一でございます。一般質疑も法務大臣の交代ということもあって、削られてきております。まぁそういう意味で、今日は細かな数字をお聞きするって事はございませんので、なるべく大臣から今の気持ちをお聞きしたいというふうに思っています。まず最初にその意味で大臣にお聞きをしたいと思うんですけれども、これは会社法における話も立法自治というのが出てまいりました。これは国民がどういう色々な不便を持っているか、社会がどういう不便を持っているのかという、事実に基づいて法改正というのは考えて行かなきゃいけないという意味で、今日はですね、大臣が国民の一人という当事者になった気持ちでお答えを頂きたいと思うんですが、夫婦で子どもを育てている時に、夫婦の関係が悪くなって、一方の配偶者が子を連れ出して行ってしまったと、という時に、大臣が子を連れ去られた側、いわゆる別居親という言い方もするんですけど、そうなってしまった時に大臣としては、どういう事を、国民の一人として、どういう事ができるかを、お答え頂きたいと思います。

森まさこ法務大臣（以下、森法相）　一般的なことしかお答えできないんですけれども、一般に、一方の親が他方の親に子を連れ去られた場合についてお尋ねがございました。子を連れ去られた親は親権や監護権に基づき、子を連れ去った親に対して、子の引き渡しを求めることが考えられます。子を連れ去った親がこれを争う場合には、家庭裁判所に調停や審判を申し立てることができます。そして子の引き渡しを命ずる旨の審判等が確定したにもかかわらず、相手方の引き渡しに応じない場合には、強制執行を申し立てることができます。また刑事法関係について申し上げますと、犯罪の成否は捜査機関により収集された証拠に基づき、個別に判断されるべき事柄ではございますが、一般論として未成年者略取誘拐の罪は、未成年者を略取し、又は誘拐した場合に成立するものとされておりまして、これに該当する場合には、同罪が成立することとなります。

串田議員　はい、刑法の成立の余地をしっかりとお答えをいただきました。ところで、今、家庭裁判所で申し立てができると言うことなんですが、この家庭裁判所への申し立てをした場合の審理期間の平均値と、そして面会交流が決定された時の一番多い事例、これを裁判所に答え頂きたいと思います。

最高裁家庭局長　お答え申し上げます。子の監護に関する処遇事件の内、面会交流の審判及び調停に関しまして、平成30年における平均審理期間でございますが、これは9・0ヶ月というふうになってございます。またこれらの審判及び調停で、面会交流の回数を具体的に定めたものの内訳につきまして、平成30年で申しますと、1回以上の定めのものが約61・5%、その他に月2回以上の定めのものが約12・9%、週一回以上の定めのものが約2・3%となっております。

串田議員　今、大臣もお聞き頂いたと思うんですが、大臣がお答えをしたのは、まぁ法律上の手続きはそうだと思うんですよ。だけど連れ去られた側が、連れ去ったというのは実力行使なんです。何の法律上の手続きもしてないんです。なのに裁判所に申し立てをすると、約平均で9ヶ月かかるんです。その間子どもに会えるかというと、大概会えない。じゃあ、子どもに会うことの、先ほど強制執行ができるというようなことをおっしゃられましたが、できることを決められる回数っていうのは月1回なんですよ。2時間ってこともあるんです。大臣、連れ去った側は圧倒的に、裁判をやっても9ヶ月は、相手方が申し立てをしなきゃいけない。それもですね、大臣は法律家ですから、すぐに申し立てをするなんてわかりますけど、連れ去られた側は、一体どうしたらいいのか、他の国を見たらみんな犯罪だ、警察がみんな取り戻してくれる、日本は何もやってくれない、右往左往ですよ。右往左往しながら裁判所に申し立てをして、9ヶ月かかる。そして決められるのは月1回、2時間ってのが多いんです。連れ去った側は、2時間を引いた全部、子どもを確保できる。連れ去られた側は月1回ですよ。それ強制執行できるってことで納得できますか？　連れ去った側だけが、そういうような圧倒的に有利になっているというのが、今の日本の現状なんです。そこで、日弁連の60年、今日あの、参考資料に出しました。こんな立派な本になっているんですけど、そこにはですね、手続きを得ないで子を一方的に連れ去るのは違法、と書いてあるんです。この認識は大臣も同じなんでしょうか？

森法相　委員ご指摘の日弁連創立60周年記念誌において、協議や家庭裁判所の手続きを経ないで、子どもを一方的に連れ去ることは違法であるとの言及がされていることを承知をしております。同居していた父母の一方が、相手方の承諾を得ずに子どもを連れて別居を開始した場合に、民事上違法となるか否かについては、その具体的な経緯、及び対応、子どもの年齢や、医師等の事情によるものと考えられ、一概にお答えすることは困難であります。また刑事責任の観点から申し上げますと、同居していた父母の一方が、相手方の承諾を得ずに子を連れて別居を開始したことが犯罪になるかどうかは、捜査機関により収集された証拠に基づき、個別に判断されるべき事柄であり、お答えは差し控えさせていただきますが、いずれにしても、父母が離婚した後であっても、子どもにとって父母のいずれもが親であることには変わりはございません。したがって一般論としては、父母の離婚後も、父母の双方が、適切な形で子どもの養育に関わることが、子どもの利益の観点から、非常に重要であると考えております。

串田議員　まぁ、手続きを得ないで一方的に連れ去るのは違法であるというふうに断言はされてる。

で、これ日弁連の60周年記念誌なんですが、ここにね、たくさんの方々がいろんな部分を振り分けして書かれてますけど、皆さんこの業界の権威の人たちですよ。そしてこんな本にまでなるんですから。それに対してずーっと携わってきた方々が、担当して書いてあるんです。手続きを得ないで一方的に連れ去るのは違法であるという前提がなければ、ハーグ条約というものを批准できないんじゃないんですか？　どうしてハーグ条約、大臣、批准しているんでしょう、政府は。これは違法であるということを前提にしているから、戻すということの条約を批准しているんじゃないですか？　大臣にお訊きしたいと思います。

森法相　児童の権利条約第7条1では、児童ができる限りその父母によって養育される権利を有することとされ、又、同条約第18条1では、締約国は児童の養育及び発達について、父母が共同の責任を有するという原則についての認識を確保するために、最善の努力を払うこととされております。我が国は、平成6年にこの条約を批准しており、同条約を遵守する義務を負っているものと考えます。

串田議員　はい、今も明確に、共同養育をする義務を我が国は負っているということなんですが、大臣、この共同養育の義務を負っている我が国の法整備としては、充分だとお思いでしょうか？　お訊きをします。

森法相　委員ご指摘のようなですね、ご意見があることは承知しておりますが、現在家族法研究会において、離婚後の子の養育のあり方について、多角的な見地から様々な意見が交わされるものと承知しております。

串田議員　研究会で研究していただくのは良いんですけど、今の現状が義務を果たしているかどうかというのは判断できると思うんですよ。そこまで研究会が行うわけじゃないですから、今大臣は、この条約は、共同養育を我が国はしなければいけないという義務を課せられ、そしてこの権利条約には、これをしっかりと措置を講じなければならないという規定もあります。だからその規定が今、この国には備わっているのかどうかというのは、大臣、判断できると思うんですが、いかがでしょう。

森法相　まず一般論として申し上げますと、面会交流が適切な形で行われることは、子どもの利益を図る観点から極めて重要であると思っております。もっとも、共同養育の内容は多義的でありまして、どの程度の頻度で面会交流を行うのが子どもの利益にかなうのかは、個別具体的な事案ごとに異なるものと考えられることでございますので、一概にお答えすることは困難であります。

串田議員　あの、毎回個別っていう言い方をしてですね、答弁を避けるのはもうやめていただきたいんです。なぜなら裁判所がですね、先ほど、月1回というのが1番多いって答えたんです。ですから大臣、月1回というのは共同養育として充分だというのが大臣の考えであるかどうかを確認したいと思います。これは個別具体的じゃないんです。裁判所のたくさんの数の中の最大値なんです、月1回。

森法相　今ですね、申し上げました通り、共同養育の内容が多義的でございますので、1ヶ月に1回の頻度で面会交流を行うことが共同養育と言えるかどうかについては、個別具体的な事案ごとに異なるものと考えられますので、一概にお答えすることは困難であります。

串田議員　まぁそうしますと、今年の2月に国連の勧告が、これの条約をしっかりと遵守するように、共同で養育をするようにというふうに、我が国に対して勧告をしているという認識は、大臣、おありなんでしょうか？

森法相　委員ご指摘のように、児童の権利委員会から本年2月に、父母による児童の共同養育を実現するため、離婚後の親子関係について定めた法令を改正するとともに、子どもと離れて暮らしている親と子どもとの定期的な人的関係、及び直接の接触を維持することを確保すべきであるとの勧告があった事は、ご指摘の通りでございます。我が国の親子法制については、法律面及び運用面のいずれについても、子どもの利益の観点から必ずしも充分なものとなっていないとの指摘もされているところであり、この勧告もこのような指摘を踏まえて行われたものと理解しておりまして、この点について真摯に受け止めております。

串田議員　個別具体的と申しますと、大臣が当事者になったらどうなるかと話をしたんですが、もし大臣が当事者になって配偶者に連れ去られた場合は、大臣が会えるのは月1回ですよ。大概みんなそうなんですから。それを大臣が納得するかという話です、個別具体的なんて国会の議論で。月1回が家裁の通知なんですよ。そして、この60年誌にはこういう表現もあります。最高裁にお訊きをしたいんですが、違法な連れ去りがあったとしても、現状を重視する実務の下で、違法行為が全く問題とされないどころか、違法に連れ去った者が親権者の決定において有利な立場に立つのが一般である、このようなことが日弁連の記念誌に書かれているんですけれども、裁判所としてはこのようなことを主張される意識はあるんでしょうか？

最高裁家庭局長　お答え申し上げます。家庭裁判所におきまして、親権者の指定をするに際しましては、子の利益を最も優先して考慮しているものと承知しております。家庭裁判所において、子の利益を考慮するにあたりましては、父母の側の事情や、子の側の事情を総合的に考慮しておりまして、従前からの子の教育状況に加え、現在の監護状態がどのような対応で開始されたかといった事情についても適切に考慮しているものと承知しております。いわゆる子の連れ去りを連れ戻しがされる事情は様々でございまして、例えば配偶者から家庭内暴力を受けていた親が、止むに止まれず子を連れて別居するといった事案もあるものと認識しておりますが、他方で、一方の親が子を連れ去った際の対応等が悪質である場合に、そのことを、その親に不利益な事情として考慮することもあるものと承知しております。

串田議員　原則は連れ去ったら違法だという前提から始まらないと、世界は通用しないですよ。この60年記念誌には、子の連れ去り天国であるとの国際的非難を受けているとなっています。これは大臣、こういう非難を受けているという認識はあるんでしょうか？

森法相　父母の一方が他方の配偶者に無断で子どもを連れて家を出て行ったために、子どもと離れて暮らすことになっている親がいること、そして我が国におけるそのような現状について、様々な意見が国内外にあることを承知しております。そして委員が今ご指摘になった通り、昨年4月に…失礼いたしました。今あの、子の連れ去り天国であると非難されてることについて、お尋ねがございましたが、そのような声があることを承知しております。

串田議員　今はですね、北朝鮮まで日本を拉致大国と言って非難してるんです。これはもうアメリカ、ヨーロッパ、中国、韓国もそうですけど、北朝鮮まで今、日本こそが拉致大国だと、拉致天国だと、こう言っているんですね。ニュースにもなっているわけです。そういう中でハーグ条約に違反して子どもを連れてきた場合には、国際指名手配なり、あるいは重罪人になるわけですけど、このような状況に国民を危険に晒しているというのが、法務省がしっかりと、子の連れ去りは原則は、これは違法なんだよ、いけないんだ、裁判所も、子を連れ去るということ自体はいけないんだと、いうようなことをしてこなかったがために、私は国民をここまで危険に晒しているというふうに思ってるんですが、大臣、そういう認識はないでしょうか?

森法相　我が国においてはですね、児童の権利委員会から勧告を受け真摯に受け止めていることを先ほど述べたところでございますが、民事執行法等を一部改正し、国内の子の引き渡し、及び国際的な子の返還の強制執行をより実行的なものとするために、見直しがされたほか、先ほども申し上げました家族法研究会で、現在も親子に関する諸課題について、検討をしているところでございますので、法務省としては引き続き、研究会における議論に積極的に参加して参りたいと思います。

串田議員　今年のG20の前には、ワシントン・ポスト紙が大きく取り上げておりまして、トランプさんに安倍さんが、この北朝鮮の拉致問題を何とかしてくれというようなことを紹介しながら、そこの最後の記事は、日本が先だろうと、日本が子ども返すのが先だろうと、こう書いてあるんですね。私はずっとブルーリボンを付けているし、この拉致問題は日本の主権を脅かされているというふうに思ってるんで、最大の、私は、日本の課題だと思ってるんですが、こういうようなことで法務省が、国連からも勧告を受け、去年も26ヶ国から抗議を受け、フランスやイタリア、国営放送でずーっとドキュメントが流されていく、こういう現状は、私はこの拉致問題に対しても、かなりですね、法務省自身がネガティブな印象与えてしまってるんじゃないかなぁと、いうふうに思っています。研究会が進むということを私も期待していますけれども、これが立法事実なんだということを、大臣自身が当事者になれば、連れ去るという事実行為だけで、月1回しか会えない、そして、大臣、月1回会えなかったら強制執行できるって言うけど、間接強制しかできないじゃないですか、今のところ。そして、裁判所に言って履行勧告って言ったって、手紙や電話をするだけなんですよ。後はなんにもしてくれないんです。要するにずーっと会えないで、何ヶ月も何年も会えない親がいっぱいいるわけですよ。そういう親がいる中で、私は養育費を払う、金額を上げるってことに反対じゃないです、子どもの貧困のために。しかし、今のような、面会までできないような親だけが、養育費だけを国が一所懸命やるというのは、やはりこれは車の両輪からすると、私はおかしいんじゃないかなぁというふうに思っています。

まぁ今日、一般質疑が本当に限られているので次に移りますが、また別の機会にお話をしたいと思うんですけど、児童相談所の質問をさせて頂きたいと思うんですが、まず最初に、児童相談所の一時保護というのは、憲法34条等の手続きを得ていないと思うんですが、憲法上の問題は発生しないんでしょうか？

森法相　児童福祉法上の一時保護の制度は、児童の安全を迅速に確保し、適切な保護を図ることを目的として、児童相談所長等が必要があると認めるときに、一時的に児童を一時保護所等に保護する制度であります。もっとも、法務省は児童福祉法上の一時保護の制度を所管しておりませんので、憲法上の問題について答弁することは差し控えたいと思います。

串田議員　憲法の規定見て頂ければ、その憲法に書かれている手続きを得ないで勾留しているんです。子どもを保護すると言いながら、子どもはそこの施設から出られないんですよ。窓も10㎝しか開かないんです。友だちにも連絡取れないんです。もう勾留されてるんですよ。勾留される場合は憲法上手続きがあるわけでしょ。そして国連も、司法上の手続きを得なさいって書いてある。日本の憲法に書いてあることを日本がやっていないから、国連がちゃんとやんなさいよと言っているわけですよ。この児童福祉法は昭和22年、要するに、戦災孤児のためにつくられた法律なもんですから、とにかく、寝るところも食べるところもないから、集めて助けようっていう法律なんですね。それをそのままに運用しているから、中に入った子どもたちに義務教育なんて、当時はそんな余裕なかったんですよ。義家副大臣にお訊きをするんですが、まぁずーっと教育関係を携わっているんで、あえて所管は厚労ということを承知の上で、お訊きをしたいと思うんですけれども、このように子どもが義務教育も受けられない時に、これは保護といえるのかどうか、私は第二の虐待だと思っているんです。手続きもちゃんと得ていないんです。義家副大臣のお考えをお訊きしたいと思います。

義家弘介法務副大臣　お答えいたします。児童相談所の一時保護は、子どもの安全安心を確保するために、一時的にその養育環境から離すものであるが、こうした場合でも学習機会を適切に確保することが重要であると、まずは認識しております。委員がご指摘の通り、もともと児童相談所の歴史というのは、戦後遺児、孤児、浮浪児と呼ばれた子たちを保護して、そして当時は教護院等々と呼んでおりました自立支援施設で育てるか、あるいは社会福祉施設で育てるか、等々な様々な判断をするところが始まりでしたけども、現在、一時保護の状況がどうなっているかといえば、児童虐待が約半分、4分の1がその他虐待外保護、これは家の家庭環境とか様々な問題、それからおよそ15％が非行という形で、一時保護されている子どもたちが混合処遇されているというのが今の状態でありまして、この中の問題について、おそらく厚労省もしっかりと問題を認識して対応していく必要があるんだろうと思いますが、個別の案件については法務副大臣としてはお答えを差し控えさせて頂きたいと思います。これまでも、児童相談所を所管する厚生労働省が中心となって、一時保護された子どもが可能な限り通学できるよう、一時保護所等から子どもが通学する場合の付添人の配置や、それからこれは私がお世話になったわけですけれども、里親を含めた委託一時保護の積極的な活用などの取り組みが行われるものと承知しておりますが、日本の義務教育制度は、委員ご承知の通り、市町村が小学校、中学校を設置しておりまして、必ずしも一時保護している児童相談所、一時保護所が、その学区、その市区町村にないという場合は、学籍は元々住民票のあるところに学籍がございますので、どのような転校手続きを取るか等々も含めて、かなり混乱している。それから、非行等で一時保護されている子と、虐待と、それからその他の理由、家庭内の理由で学校にどうしても行きたいけれども、どうしても行けない、という理由等々が分かれてることだと思いますので、前にも答弁しましたが、児童相談所、それから市区町、それから教育委員会、これがしっかり連携して、子どもの利益のために良い方法を生み出していくのが最善だろうと思っています。

串田議員　再三厳しい言い方してるんですけれど、実はこの子どもの権利条約も1994年に日本が批准して、これまでの政権、連立内閣から始まってずっと自民党も民主党もできなかったことなんですよ。ですからそれを、研究会も発足をしてくださって、前向きになってるってこと。そして今、児童福祉法にも、これは昭和22年から変えていないんですね。そういうものを是非ともですね、今の政権で変えていただきたい。そして、この連れ去りっていうのが違法だということをスタートしたときに、先ほど裁判所の話でもありましたが、DV被害のこともあるんです。いやDV被害があるじゃないか、いうようなことで、違法性阻却事由もしっかりとそこで明確にしていける、要するにDV対策にもなるんです。それをうやむやにしたまま、連れ去り天国だなんて状況で放置しているということが、私は一番の問題であるということを指摘し、今日の質問を終わります。ありがとうございました。

国連人権理事会で「子供の連れ去り問題」を問う

テキサス親父日本事務局長　藤木俊一

筆者は、子どもの連れ去り問題に約４年前から取り組んできた。現在までに約１００人の当事者たちに直接聞き取り調査をし、今も、月に１〜２回、被害者の方々に面接をし、状況を調査している。時には、外国人当事者の通訳として警察署へ出向くこともある。そして、国会議員への陳情なども行ってきた。そんななか、その裏側にいる左翼弁護士たちが、ユニオン問題、慰安婦問題などで被害者の立場を作り上げ、それを食い物にしている連中と、多くの部分で重複していることが徐々にわかってきた。そして、行き着く先が〝反日の巣窟〟である※「西早稲田２-３-18」（後述）だった。「西早稲田」に巣食う左翼活動家は長年、国連を利用したマッチポンプで日本を貶め続けてきた。中にはスイス・ジュネーブの国連欧州本部周辺に事務所を構えて、日本叩きに専念しているＮＧＯも現存するのだ。

この裏側が分かった以上は、国連で先手を打つ必要があると考え、筆者は早速、人権理事会で次のように訴えた。

「子どもの連れ去り問題が、日本では重大な人権侵害になっています。片親がいつでも彼または彼女の子どもを〝拉致〟することが可能で、もう一方の親から子どもを引き離し、別の場所に連れて行き、もう一方の親が彼か彼女の子どもと会うことができなくなるのです。連れ去られた子どもは連れ去った親のところで右往左往し、もう家に帰ることもできなくなり、もう一方の親から引き離されます。

日本の裁判所は、連れ去った側に親権を認める傾向があります。たとえ一方の親から、もう一方の親が強制的に連れ去った場合もです。このようなことが起きるのは現在の制度では、夫婦の一方が『家庭内暴力』の被害を訴えれば、たとえそれが捏造であっても、新たな居所は夫婦のもう一方には知らされないからです。さらにこの制度が『離婚弁護士たち』に悪用されているのです。そして、連れ去り弁護士たちは片方の親に子どもを連れ去るように煽動し、一般的に虚偽の『家庭内暴力』を主張するのです。

連れ去り弁護士たちは、連れ去られた子どもたちに対する悪影響も考えずに、連れ去りを推奨します。子どもたちは両親に愛される基本的権利を有し、愛情に包まれた環境で育つ権利があります。しかしながら、日本では現在の制度と心の曲がった不誠実な弁護士たちのために多くの子どもたちがこの基本的権利を奪われてしまっています。

我々は人権理事会に対して、心より、親から引き離された苦悩にある子どもたちを助けていただきたい」

（２０１８年６月、第38会期国連人権理事会での筆者の発言）

さらに、同年９月の第39会期国連人権理事会でもこう訴えた。

『実子誘拐』『子どもの連れ去り』は、諸外国では『重犯罪』とされているが、日本では、離婚弁護士や西早稲田系ＮＰＯなどが、連れ去りを促しており、違法ともされていないために被害が後を絶ちません。これが、『親子断絶』や『子どもを人質にした金銭の要求』など、子どもの人権をまったく無視し、さらに子どもを利用し、連れ去られた側の親の人権をまったく無視した判決を裁判所が継続的に出すことにつながっています。

いったんこのシステムに乗ると、ベルトコンベアーに乗せられたかのように、西早稲田系ＮＰＯ→シェルター→悪徳弁護士→悪徳裁判官などの順で、餌食（犠牲）になり、連れ去られた親たちは、精神崩壊、場合によっては自殺するという悲惨な事件が後を絶ちません。

また、子どもとの面会交流ができることもありますが、非常にハードルが高く、連れ去った側の親が連れ去られた側の親に会わせないなどの妨害によって、子どもが親に何年も会えない事態が多発しています。

これが、再婚後の継父や継母による子どもの殺害などにもつながっています。離婚後でも、子どもとの頻繁な交流がなされていれば、子どもの異常にも気が付きますが、面会ができない、させないという状況のために悲惨な事件が年間に何件も起きています。２０１８年にも、５歳の女の子が継父に殺害されるという事件が発生しました。

これは、日本の司法や悪徳弁護士、悪徳ＮＰＯなどによって殺害されたと言っても過言ではありません。

日本政府（立法府）は、民法の改正などを行って、これらの問題を少なくする努力をしているものの、裁判所（司法権）が、これに従わないという事態になっているのです。これは、司法権に対して、多大な権力を付与していることから来る歪みでもあります。また、虚偽の家庭内暴力（ＤＶ）の主張を行って、不貞行為隠しなども数多く行われています。

この子どもの連れ去り問題は、確立された悪徳弁護士などの金儲け、退官後の裁判官の天下り先の確保など、さまざまな事に悪用されているのです。

家庭崩壊を目論み、子どもは社会が育てるものとの共産主義的思想を持った弁護士も少なくなく、社会の最小単位の家族が崩壊すると、やがては、地域社会が崩壊し、国家が解体されると言っても過言ではないでしょう。

一刻も早く、21世紀の日本で起きている『子どもの連れ去り・誘拐』を終わらせる必要があります」

このように国連でさまざまな訴えを行ってきたことで、日本国内のみならず、海外の被害者や、その被害者を援護する団体など、多くの方々から連絡をいただくようになった。そして、既に海外の人権団体との協力体制も構築しつつある。

今後は、徹底的に子どもの人権蹂躙、そして、連れ去られた被害者への人権蹂躙に関して、関係各所に対して異議を申し立てる予定である。そして、１日も早く被害者の方々が、自分の子どもを笑顔で自分の腕に抱ける日が来るようにしたいというのが、筆者の切なる願いである。

筆者が、２０２０年７月、安倍首相（当時）に、お渡しした「実子誘拐問題解決に対する提案書」

を次項で掲載する。皆さまのこの問題への理解の一助になれば幸いである。

※【「西早稲田2－3－18」】

この住所には、戦時性暴力や慰安婦問題で日本を糾弾する「アクティブ・ミュージアム　女たちの戦争と平和資料館」（wam）などの反日団体のほかに、「在日大韓基督教会」「在日韓国人問題研究所」「日本キリスト教協議会」などといった組織がひしめいている。

wamは2005年8月にオープンし、天皇陛下の戦争責任を追及する「女性国際戦犯法廷」や慰安婦についてのセミナー、日本軍の性暴力被害者の映像記録、元朝日新聞記者の女性活動家、松井やより氏をたたえる特別展などを開催している。wamにて国連報告会を行ったりと関係が深いのが前《まえ》田《だ》朗《あきら》・東京造形大学教授だ。同氏は慰安婦問題に関して「慰安婦＝日本に強制された性奴隷」という立場で、日本政府へ対してさらなる謝罪や賠償を求める韓国の代弁者のような内容を、常に国連人権理事会に持ち込んでいる。つまり、「西早稲田」から発信された彼らの主張が、国連で発表されて世界に拡散し、それが日本への圧力となって返ってくるという構図になっているのだ。

同氏はまた、宇都宮健児氏（共産党・元日弁連会長）、東大名誉教授である上野千鶴子氏（フェミニストのカリスマ）、辛淑玉氏（在日朝鮮人・極左活動家・フェミニスト）、西島藤彦氏（部落解放同盟中央書記長）、石井ポンペ氏（原住アイヌ民族の権利を取り戻すウコチャランケの会代表）、鈴木邦男氏（一水会顧問）、高里鈴代氏（沖縄反基地活動家）、松岡徹氏（元部落解放同盟中央本部書記長）、和田春樹氏（歴史家・東京大学名誉教授）、村山富市氏（社会民主党名誉党首・第81代内閣総理大臣）その他とともに、「のりこえねっと」（ヘイトスピーチとレイシズムを乗り越える国際ネットワーク）という組織の共同代表を務めている。

子どもの連れ去り問題でも、こうした「人権派団体」を標榜する団体に関係する弁護士がかかわっていることが分かっている。

国連人権理事会で問われる「子どもの連れ去り問題」安倍前首相への提案書

令和2年7月1日

提案者：国連ECOSOC NGO
国際キャリア支援協会
ディレクター　藤木俊一

安倍晋三 内閣総理大臣殿

実子誘拐問題解決に対する提案書

私は、国連経済社会理事会の特別協議資格を有する国際キャリア支援協会のディレクターの藤木俊一と申します。

実子誘拐に関する親子の断絶に関して、１００人を超える当事者から1名に対して4時間程度の丁寧な直接聞き取りを行い、その問題点などを調査しています。また、国連児童の権利委員会、国連人権理事会においても、この問題を取り上げ、一日も早い解決を望む者であります。

1．実子誘拐問題とは

実子誘拐とは、「離婚に際し、正当な理由が無いのに、片親が子を他方の親の承諾無しに一方的に連れ去ること」と定義します。裁判所の運用は、実子誘拐を、暴力等の無い限り違法とはせず、監護権者・親権者を決める要素の一つとします（国会答弁等より）。

離婚弁護士や離婚当事者支援団体は、上記裁判所の運用を利用し、親権を獲得するため、実子誘拐を指南し、親権獲得を確実にするため、ＤＶ相談の記録をＤＶの存在証明として使うことを指南します（２０１８年5月外務省・日弁連パリセミナー参照）。

以下、実子誘拐により成功報酬等の利益を得ることを、「実子誘拐利権」と表現します。

2．問題の重大性

実子誘拐を容認する社会においては、結婚しないこと、結婚しても子どもをつくらないことが、子と引き離される苦しみを避ける確実な手段です。すなわち、実子誘拐の容認は、少子化を推進し、ひいては日本国の消滅につながります。

また、実子誘拐は、少なくとも誘拐される子の人権を侵害する行為です。

対外的には、令和2年6月16日に、EU議会の請願委員会において「日本の実子誘拐に対する抗議案」が全会一致で可決されました。7月初旬の本会議において採択の予定です。上記抗議案には、日EU戦略的パートナーシップ協定の合同委員会を含め、あらゆる可能な場でこの問題を提起する旨の記載があり、日本の実子誘拐問題が、日-EUの協力関係の障害となることが予想されています。国際社会における日本及び日本政府の信用は、既に低下しています。

この点につき、外務省は、ハーグ条約を誠実に執行しているのでEUの抗議は遺憾であると述べるでしょう。

しかしながら、上記EU決議は、ハーグ条約案件に限らず、むしろ実子誘拐という子どもの権利に対する侵害を対象とします（例：フランスの場合、ハーグ案件が累計約10人、非ハーグ案件（ハーグ条約締結前、手続きの躊躇による時間切れ、日本国内連れ去り）が累計約90人）

加えて、例えば、平成31年6月、マクロン大統領が安倍総理へ実子誘拐問題の解決を要請し、法務大臣への請願等を何度もしたのにも関わらず、日本の実子誘拐問題は解決に向かわず、令和2年4月16日には子を確保している日本人親を有利とする最高裁決定（令和元年（許）第14号）が示される等、日本政府は実子誘拐問題を解決する気が無いと思われています。外国から見た場合、実子誘拐問題は、日本政府の問題です。

3．日本のズレた対応策に対する懸念

ア　離婚後親権制度改正

現在、離婚後の親権制度を、単独親権から、（選択的）共同親権に変更する方向で検討されています。しかしながら、離婚後親権制度の変更は、実子誘拐の解決に資するものではありません。このため、共同親権制度の採用をもってEU等からの実子誘拐問題に対する抗議に対応したつもりになると、更なる圧力を生むことになりかねません。

また、（選択的）共同親権には利点と欠点とが当然ありますが、（選択的）共同親権の欠点を述べるのが離婚後単独親権を維持したい実子誘拐利権側が主であることから、親権制度変更に対する議論が、十分になされていないことが、大問題であると考えます。

具体例としては、離婚後原則共同親権の国フランスにおいては、いやがらせ目的にて子の進学に関する同意権、転居する同意権、子ども手当を受給する同意権、その他、様々な親権に付随する権利を双方が濫用し、両親が訴訟合戦に陥り、本来子ども教育の為に使われるべきお金が訴訟（弁護士費用等）に消え、子どもは貧困に苦しみ、結局、「得をするのは離婚弁護士だけ」、という事態が多々生じています。（フランス・スイスにても当事者、弁護士、家裁裁判官から聞き取りを行いました。）

現在の日本において、実子誘拐をした同居親が、親権を濫用し、別居親に対する嫌がらせ目的で、子と別居親とを会わせないという事態も、多々生じており、これに対し裁判所は月1回の面会交流相場や間接交流（写真の送付のみ）等を創設し、対応しています。

このように、実子誘拐や親権を濫用する親は、親権制度がいかにあろうとも、自らの利益のために子を犠牲にします。このような親に対し、裁判所が寛容である限り、離婚後親権制度を変えても、何ら問題は解決せず、新しい親子引き離し利権を創設するにとどまると予想します。

なお、私は、「子どものために離婚しない」という日本の美徳を後押しすることができるならば、これが最善であると考えています（後述「共同養育計画書の明文化」参照）。この理由にて、離婚を容易とする離婚後共同親権制度には反対の立場です。

イ　養育費徴収強化のみの子の貧困対策

現在、国会議員によって、子の貧困対策として養育費徴収強化が検討されていますが、これに関与するＮＰＯ法人の提案書には、検討は養育費徴収強化のみに限る旨、明記されているそうです。

しかしながら、養育費強制徴収のみを強化することは、実子誘拐に伴う利益を増すため、実子誘拐を促進する可能性すらあります。前記ＮＰＯ法人が、子の貧困対策として、養育費徴収強化のみを提唱し、他の施策（特にピンハネ規制）の検討に反対する目的は、実子誘拐利権の拡大にあると考えます。このため、本提案書に提案されている他の施策（特に利権規制）には大反対するものと予想されます。

以下に示すような他の施策も必要と考えます。

4. 実子誘拐問題の解決案

そこで、実子誘拐問題の解決のために、以下を提案します。

(1)実子誘拐の罰則の明文化

現状でも、民法、憲法、条約、条理に基づき、実子誘拐に対してペナルティを科すことは可能ですが、家庭裁判所の運用はそうなっていません。このため、家庭裁判所の運用に勝る明確な立法が必要となります。

例えば、実子誘拐をした親は親権者になれない旨の罰則規定が必要と考えます。

実子誘拐の罰則を明文の規定とした場合、次に生じる問題が虚偽DVの主張が更に激しくなることですが、(2)の解決策が考えられます。

(2)実際にDVに苦しむ配偶者に対する確実な保護（虚偽DVの排除）

主要警察署に「DV調査課」を設置し、刑事事件のみではなく民事でも対処出来るようにすることが考えられます。現在は、一方が証拠など一切無くても「DVを受けた」と言えば、他方は自動的に加害者にされてしまいます。この運用をやめて、警察官による双方からの聞き取りを義務づけ、証拠によりDVを認定することにより、実際にDVに苦しむ配偶者に対する確実な保護と同時に、虚偽DVの排除が可能となると考えます。

⑶利権規制の明文化

離婚弁護士は、子どもへの養育費の払い込み口座として弁護士預かり金口座を指定し、親権を獲得できたことに対する成功報酬として10％〜30％を差し引いて、元依頼者の口座へ入金します。子どもが成年するまで差し引くケースもあります。これは、弁護士による「ピンハネ」であり、禁止されるべきです。

また、ZOZOの前澤友作社長が作った「小さな一歩」という会社が、養育費の取り立ての代行事業として、回収する養育費のうちの15％を保証料として徴収するというもので、同様に利権化する懸念があります。

また、「日本法規情報」という会社の「養育費安心サポート」という事業では、「保証料」は毎月の養育費の50％になるとのことで、構想の段階ですら問題があります。

この解決策として、養育費を受け取る口座は、子供名義の口座に限定し、その口座に入金することを義務づけることが考えられます。子供名義の口座であれば、その子が成年に達した際に、自らの意思で口座の記録を取得することが法的に可能となります。そして、子が非監護親から養育費の支払いを受けていた場合には見捨てられたのではない事実を知ることができます。また、非監護親に対し、気持ちよく養育費を支払うことに繋がります。養育費を支払わない場合、不払いの事実が子に知られることが、不払いに対する圧力ともなります。

更には、養育費支払い口座を子供名義口座とすることは、養育費支払い率の向上に伴う、子の貧困対策にもなります。

⑷フレンドリー・ペアレント・ルールの明文化

面会交流を多くさせる方の親に親権を渡すことに重点を置くことが考えられます。子どもにとって、両親との触れ合いが大切であることについては、多言を要しません。

なお、日本で初めてフレンドリー・ペアレント・ルールを採用した平成28年3月29日千葉家裁松戸支部の判断に対する上訴において、全国日本女性シェルターネットが、東京高裁へ、フレンドリー・ペアレント・ルールに反対する要望書を出しました。この様に、特定の団体による猛反対が予想されます。

⑸共同養育計画書の明文化

未成年の子どもがいる親が離婚する際には、「共同養育計画書」を提出することを、明文の規定において義務づけることが考えられます。

共同養育計画書の内容として、養育費の取り決めと、世界標準レベルの面会交流とを、セットにして取り決めておくことにより、子どもの貧困問題にも資すると予想されます。

また、離婚前熟慮期間を義務化している国もあるところ、共同養育計画書を作成するために、離婚後のことを熟慮する必要があり、短絡的な離婚を防止する副次的な効果もあります。

なお、共同養育計画書の手引き等において、離婚の危機に瀕したが離婚を踏みとどまった夫婦には、数年後に離婚を踏みとどまって良かったと考えている者が役70％いるという事実も周知し（米国でのデータ）、子どものために離婚をしない、という選択の後押しをすることも考えられます。

⑹裁判官の再就職規制

裁判官は、退官前の3年間に担当した裁判のいずれの側の弁護士事務所にも、退官後3年間は就職できないことを法制化するべきと考えます。

⑺更なる根本的解決に向けて

現状、現場の裁判官にとって、裁判所の運用が、最高法規化していると分析します。

最高裁判所は、勤務地や役職の決定等の人事権を用いて、裁判官を統制していることが、退職裁判官による執筆（例：「絶望の裁判所」）により明らかにされていますが、不当人事に対応する制度上の仕組みが存在しないことが、裁判所の運用が最高法規化する原因と考えます。そこで、根本的には、裁判官が、不当人事を争うことを可能とする仕組みが必要と考えます。

以上、日本の繁栄と社会の最小単位である家族、将来の日本を担う子どもを大切にしたいという考えから、ここにご提案申し上げます。

日本の皆さん、「EU決議」のこと、ご存知ですか?

フランスの当事者団体代表　ポール・トゥジャー

1　自己紹介

２０２０年7月8日、欧州議会において実子誘拐抗議決議（以下、「ＥＵ決議」といいます）が、賛成６８６、反対１、棄権８票で採択されました。私は、欧州議会にはじめて提出されたペティションの(０５９４／２０１９　※嘆願書）のペティショナーの一人であります。日仏の子を持つ父母らにより、日本における親子断絶及び連れ去り問題の解決並びに認識度を高めることを目的として設立したSauvons Nos Enfants Japan（仮訳：日本：我々の子どもを救え）のメンバーと、フランス・ドイツ・スペイン・イギリスの４ヶ国の父母達と一緒にそのペティションを実現したのです。当団体の活動により、フランスの国営放送で2回の特番が放送されたり、フランス上院から二つの決議が採択されたり、現時点で既にフランス人口の2割以上がこの問題を認識しています。私達は、日本の当事者団体のみならず、海外の他の団体、アメリカのBring Abducted Children Home（Bachome)、ドイツのJapan Child Abduction、イギリスのBritish Children Abducted to and within Japan、カナダのMOFA Japan 等とも連携して活動しています。

2 EU決議までの道のり

まず何が問題なのかを把握して頂くために、以下にペティショナーの一部のケースの概要をお伝えします。

Stéphane LAMBERT氏（フランス）：日本国内で最愛の息子を連れ去られ、離婚すらしていないのにも関わらず、法手続きに長い時間と大金を使って得た月2回の面会交流は実施されず、息子の居場所すら教えて貰えていません。２０１９年6月にマクロン大統領が当事者と面会したきっかけを作ったかたです。

Fabrice TAURELLE氏（フランス）：フランス国内では、協議離婚により共同親権者であり、宿泊付き面会交流が決まっています。しかし、日本国内で事前相談もなく、元配偶者により、非親権者にされてしまい、宿泊付き面会交流は一切実施させて貰えていません。

Björn ECHTERNACH氏（ドイツ）：ドイツから二人の息子が日本人親によって日本に連れ去られたハーグ条約案件です。返還命令が発生しても、日本人親は、返還しないどころか居場所を隠し、日本の政府当局すら把握していない状況です（そもそも把握する気があるのか、が疑問です）。ドイツの外務省が渡航勧告を発行した理由の一つです。

José CACHO氏（スペイン）：息子が日本人親によって日本に連れ去られました。日本人親は、インタポールのレッドノーティスで指名手配されたのにも関わらず、日本で捕まる事はありません。

他のペティショナーのケースでは、ＥＵから日本へ子どもを連れ去られて、ハーグ条約の調停により、外国人親が自己犠牲になり返還して貰う選択をせず、養育費と宿泊付き面会を合意が成立したのにも関わらず、結局、面会の約束を反故にされ、養育費だけが義務になってしまいました。

ペティショナーではありませんが、２０１０年、３人のフランス人の父親が、日本人妻に子どもを連れ去られた後に自殺しています。また、自身が唯一生きている親で、単独親権者で、最高裁判所の有利な判決があるのにも関わらず、子どもに会うことができていないケースすらあります。

以上の例からも分かる通り、実子誘拐に、国外も国内も本質的な違いはないのです。

欧州議会の決議は、様々な外交努力をしても改善が見られない場合にのみ、採択されます。まず、フランスでは、日本の子の連れ去り問題に対して、この10年間で3回の決議がされています。1件目の決議は、日本のハーグ条約批准の頃です。そして、残りの2件は、２０２０年なので最近の話です。また、２０１８年3月には、ＥＵ２４カ国大使が、日本国法務省及び上川法務大臣に対して申し入れをしました。２０１９年6月のＧ２０では、フランスのマクロン大統領とイタリアのコンテ首相も、安倍首相に実子誘拐問題の解決を依頼しています。

しかしながら、改善はみられませんでした。それどころか、２０１８年5月には日本国外務省及び日本弁護士連合会が共催して子の連れ去りを指南するパリセミナーを開きました。日本人弁護士であるセミナーの講師の一人が、裁判所に対して「私は自殺します」と言えば、返還されないというような説明を行っています。その弁護士が代理人をした事件の裁判の記録も確認しましたが、セミナーで説明している方法は、現に日本の裁判で有効な手法を説明しているにすぎません。このため、私達は、フランスにおいて抗議デモを行いました。そしてフランスのリシャール・ユング上院議員が２０１８年6月に訪日し、セミナーの内容を日本の中央当局（外務省ハーグ条約室）に指摘しました。

更には、「平成29年（許）第１７号」という日本の最高裁判所の判例では、親権者と定められた親が子を引き渡して貰えず、片親が不法に子を留置しているのにも関わらず、最高裁判所が不法留置を合法化し、片親疎外を有効な訴訟戦略にしてしまいました。２０２０年4月16日の最高裁判所判決（令和元年（許）第14号）では、国内実施法に規定が無いにも関わらず子の不返還が可能な旨の判断が示されました。正に国内案件と海外案件とで、何ら変わりはない証拠でもあります。

日本がハーグ条約に加盟すれば日本国内の事情が改善される、と考えていましたが、事態は悪化しただけでした。今まで、日本政府が外国政府にした説明は「調査します」や「外務省は頑張っていますが、法務省がネックです」等です。

以上の通り、私達は様々な外交努力をしてきましたが、残念ながら改善が見られないので、ＥＵ決議が採択されたのです。

3　ＥＵ決議、及び日本政府によるＥＵ決議の矮小化

ＥＵ決議のメインテーマは、実子誘拐という子どもの人権侵害を日本が放置していることに対する非難です。別紙ＥＵ決議文のタイトルに「日本におけるＥＵ加盟国籍児童の国際的、国内的実子誘拐について」（International and domestic parental abduction of EU children in Japan）とあるように、国

際実子誘拐も、日本国内実子誘拐も、等しく問題としています。EU決議のポイントを端的に示す箇所は「子供の誘拐は深刻な児童虐待の一種である」("child abduction is a severe form of child abuse")です。このことは、EU決議文中の子どもの人権に関する箇所にアンダーラインを付しましたが、アンダーライン部分の多さからも分かります。また、子と親とが会えないことが問題であって、日本の親権制度の問題と誤解されないために、"shared or joint custody"(分担または共同監護)と明示しました。

ところが、外務省欧州局政策課が作成したEU決議の「主な概要」には、EU決議にあったアンダーラインを付した子どもの人権に関する事項が削除されています。また、"shared or joint custody"(分担または共同監護)を、「共同親権」と誤訳することによって、子どもの人権侵害の問題を、親権制度の問題であるかのごとく、矮小化しています。

EU決議に対する茂木外務大臣の記者会見は、上記メインテーマからピントがずれたものとなっていますが、外務省欧州局政策課が作成したEU決議の「主な概要」に基づいているからだと思われます。真に残念ながら、日本政府は実子誘拐を維持したいと考えている、と理解せざるを得ません。

4　海外からみた日本のイメージの悪化

2020年4月1日から、民事執行法改正が施行されています。しかし、状況が変わらない事は既にフランスの決議でも指摘されています。なぜなら、連れ去った先が何処なのか日本政府に調べる気が無いのでそもそも手続きができず、執行手続きができたとしても、子どもが抵抗したらそれ以上何も出来ないからです（ハーグ国内実施法で除外されている民事執行法175条8項参照）。たいていの場合、連れ去った家では、片親疎外などにより、子は洗脳されており、戻るという話にはまずなりません。日本でハーグ条約に携わっている方々が、問題を理解せずにした改正のようにも思えます。あるいは、敢えて見せ掛けに過ぎない対策を取っただけ、という理解もあります。また、ハーグ条約案件で、返還命令を取るのは至難の業です。それは、先ほど申した通り、パリセミナーで同居親がどうすれば返還されないかのノウハウの説明にあった通りです。

このように、守らない法律を作ろうとしているから、海外政府から見た日本政府のイメージが悪くなるのです。海外での日本のイメージは、元々は大変良いのに、子の連れ去りで悪化させています。特に、親子引き離しの推進に関しては、コロナの後でも、日本の裁判所は迅速に判断しています。

5　日本の皆さんに伝えたいこと

日本では、年間15万人の子どもが親と断絶されられています。実子誘拐によって親と断絶させられた子どもの数も決して少なくはないと考えます。実子誘拐が子の虐待であって、かわいそうな子どもを少なくしたいことが、私が親子断絶及び連れ去り問題の解決並びに認識度を高める運動をしている動機なのです。私は、大の親日家です。日本の皆さんも、親日家が大部分であると信じています。日本の当事者のみならず、親日家の日本の皆様にも、実子誘拐問題の解決にご尽力頂ければ幸いです。

お読みくださり、ありがとうございました。

欧州議会決議
子の連れ去りに関する
日本における

令和2年7月9日
外務省欧州局政策課

7月8日（現地時間）、欧州議会本会議（於：ブリュッセル）において、日本における子の連れ去りに関する決議が賛成686、反対1、棄権8で採択された。この決議の主な概要は以下のとおり。

1　前文

⑴日本のハーグ条約の下での子の送還にかかる司法判決の執行率が低いこと、また、面会交流の権利執行の可能性の欠如によりEU籍の親の日本居住の子女との意味ある関係の維持が妨げられていることに対し懸念を表する。

⑵EU市民の親と日本市民の親の場合の、片親による子の連れ去りの未解決案件数の多さを憂慮する。

2　本文

(1)日本が子の連れ去り案件に対し国際規約を道守していないと遺憾を示すとともに、ハーグ条約の下で子の送還が効果的に執行されるように圏内法制度を改正するよう促す。

(2)日本当局に対し、子の連れ去りにより残された親の面会交流に関する司法判決の着実な執行を促す。

(3)ＥＵ加盟国に対し、各国市民に対する第三国における子の連れ去りのリスクに関する情報提供を勧告する。

(4)ボレルＥＵ上級代表兼欧州委員会副委員長に対し、日ＥＵ・ＳＰＡの下での今後の日・ＥＵ間の協議の場における本件問題の提起を求める。

(5)日本当局に対し、関連の民事・刑事の圏内法令の適用を要請する。

(6)日本当局に対し、残された親の子女と．　の連絡維持の支援を含むハーグ条約第6条及び、第7条の義務の履行を催促する。

(7)日本当局に対し、共同親権の可能性に向けた圏内法令改正を促すとともに、自らが批准した児童の権利条約へのコミットメントを守ることを求める。

(8)日本当局に対し、裁判所により許諾された親の子どもに対する面会交流の権利の実現確保に向けたＥＵ側との協力強化を要請する。

(9)ＥＵ加盟国に対し、各国の外務省Ｅ在京大使館のウェブサイトにて、子の連れ去りのリスク及び日本当局の姿勢について喚起することを求める。

⑽ＥＵ加盟国に対し、日本との二国間・多国間会合等の様々な機会に本件を提起することを求める。

⑾欧州議会議長に間決議を欧州理事会、欧州委員会、ＥＵ加盟国及び日本の政府、議会に本件を伝達するよう要請する。（了）

※四角囲みは寄稿者（ポール氏）が付与。

記者会見概要

【2020年7月10日　茂木外務大臣記者会見】

問　欧州議会で、日本の親による子の連れ去りに関する決議が採択されたが、日本政府の受け止めいかん。極めて深刻な問題であり、対日イメージが徐々に悪化していると感じる。具体的な動きいかん。

答　欧州議会で決議が採択されたことは承知している。ハーグ条約の対象となる事案か、そうでないかで分けて考える必要がある。

日本政府は、ハーグ条約の対象とならない日本国内の事案については、他の国もそうだと思うが、国内法制度に基づき、国籍による区別なく公平かつ公正に対応している。

ハーグ条約の対象となる事案については、同条約に基づき、ＥＵ加盟各国の中央当局との協力を通じ、一貫して適切に対応してきている。決議にある国際規約を遵守していないとの指摘は全く当たらない。

（7月10日の森法務大臣の記者会見においても、同旨の質問あり）

【2020年7月14日　茂木外務大臣記者会見】

問　ハーグ条約の対象となる事案の運用について、日本側は「一貫して適切に対応している」と主張しているが、ＥＵは「国際ルールを道守していない」と主張している。この認識の違いの原因は何か、またＥＵにどのように理解を求めていくか、大臣のお考えいかん。

答　まず事実関係、数字等を見れば、日本の主張は明確であると思っており、ハーグ条約の対象事案について、同条約に基づいて日本へ連れ去られた子のＥＵ加盟国への返還について、これまで26件について日本政府が援助決定を行った。日本が、ＥＵ加盟国を含む全ての条約締約固との聞で，援助決定した案件は１２３件である。そのうち11件で子の返遷が実現している。日本と、ＥＵ加盟国を含む全ての聞の条約締約国との聞の案件で、子の返還が実現しているのは43件で、四分のーは日本とＥＵ加盟国との聞でということである。

　また日本政府はＥＵおよびＥＵ加盟国に対して、本年4月の子の返還執行の実効性を強化した条約実施法改正を含めて我が国の取組について、これまで累次にわたり説明をしてきている。

　以上の事実、客観的な事実にも関わらず、欧州議会が本決議において、どのような根拠に基づき、そのような主張をしているのか理解しかねる点は多いが、日本としてはハーグ条約の対象となる事案については、同条約に基づいて、ＥＵ加盟各国の中央当局との協議を通じて、一貫して適切に対応してきていると考えている。

問　ＥＵはハーグ条約の対象とならない日本国内の子の連れ去りについても早急な対応を求め、共同親権を認める法改正の必要性にも触れている。一義的に法務省の対応と認識するが、子供の利益のためどういった法制度で、あるべきと考えるか、大臣のお考えいかん。

答　法務省にて検討されている案件であり、法務省において回答される案件であると考える。
（7月14日の森法務大臣の記者会見においても、同旨の質問あり）

【2020年7月17日　茂木外務大臣記者会見】

問　先週可決された、日本における子どもの連れ去りに関する欧州議会決議について、前回、前々回とお答え頂いた内容を踏まえて、伺いたい。決議ではハーグ条約の対象となる事案だけでなく、日本国内のEU加盟国出身者と日本人との国際結婚間での子供連れ去り、面会の拒否についても、それが国連の児童の権利条約（CRC）に反すると問題視している。このCRCの違反について、日本側で対応がされない場合、日EU戦略的パートナーシップ協定（SPA）の見直しも検討するよう呼びかけている。これにつき、日本はCRCを遵守しているとお考えか。
また、今回のEU決議への対応次第では、SPAへも一部欧州議会議員が、日本側で対応がされない場合、SPAの見直しも検討するよう呼びかけている。また、本件への対応次第では、SPAへの影響も懸念されるが、外交問題としてどう対処するのか。

答　ハーグ条約の対象とならない日本圏内の事案について、児童の権利条約を誠実に遵守していると考えている。詳細については、所管している法務省にお聞き頂きたい。
いずれにしても、日本としてハーグ条約を適切に履行しており、また、児童の権利条約についても誠実に遵守していると考えている。

問　欧州議会の決議について、欧州議会は日本がＣＲＣに違反した状態であると指摘しており、それについてＣＲＣを道守していると答える場合は法務省だけの問題ではないと思われるが、それは日本政府、官邸として了承した見解なのか。

答　先ほども申し上げたのは誠実に道守しているということで、内容や運用について問題があるとお考えであれば、所管は法務省であるところ、法務省にお聞き頂きたい。

※四角囲いは寄稿者（ポール氏）が付与。

欧州議会　【採択テキスト】

日本におけるEU加盟国籍児童の国際的、国内的実子誘拐

日本におけるEU加盟国籍児童の国際的、国内的実子誘拐に関する2020年7月8日の欧州議会決議（2020／2621（RSP））

欧州議会は、

―世界人権宣言第1条を考慮して、

―1989年11月20日の児童の権利に関する条約（UNCRC）第9条を考慮して、

―1980年10月25日の国際的な子の奪取の民事上の側面に関する条約（以下 1980年ハーグ条約）を考慮して、

―欧州連合条約（TEU）第2条、第3条第1項、第3条第5項ならびに第3条第6項を考慮して、

―欧州連合基本権憲章第24条を考慮して、

―1963年の領事関係に関するウィーン条約を考慮して、

―欧州議会宛の請願に基づいて欧州連合全体で子どもの最善の利益を保護することに関する2016年4月28日の欧州議会決議 によって明示された原則を考慮して、

―２０１７年の子どもの権利の促進と保護に関する欧州連合ガイドラインを考慮して、
―日本における欧州連合市民権のある児童に係る実子誘拐と監護権ならびにふれあいについての紛争における、子どもの権利に関する欧州議会調整官の役割と活動を考慮して、
―２０２０年2月19日～20日の請願委員会の会議における審議を考慮して、
―当議会の手続き規則第２２７（２）を考慮して、

A．請願委員会が２０２０年2月19日の会議で、片方が欧州連合市民でもう片方が日本国民である多国籍夫婦が関与する、実子誘拐と訪問権に関する請願０５９４／２０１９、０８４１／２０１９、０８４２／２０１９ならびに０８４３／２０１９について議論したものであるところ、

B．これらの請願は日本が、裁判所が１９８０年ハーグ条約の手続きに従って子どもを返還する決定をした際の執行がずさんであること、またふれあいと訪問権の強制執行の方法が未整備であることにより、以って欧州連合市民である親が、日本に居住する彼らの子どもたちと有意義な関係を維持することを阻害していることについてであるところ、

C．片親が欧州連合市民でもう片方が日本国民である未解決の実子誘拐事件が相当件数にのぼることは憂慮すべきであるところ、

D．複数の情報源によって子どもの誘拐は深刻な児童虐待の一種であると明らかになっているにも関わらず、日本法に於いて分担または共同監護をなし得ないところ、

E．日本では、連れ去り被害親のふれあいと訪問権は酷く制限されているか存在しないものであると

ころ、

F．全ての欧州連合加盟国が１９８０年ハーグ条約とＵＮＣＲＣにも加盟しているところ、

G．日本は１９８０年ハーグ条約に２０１４年に署名し、ＵＮＣＲＣには１９９４年から加盟しているところ、

H．日本に居住する欧州連合市民の子どもは、彼らのウェルビーイングに必要な保護や監護を受ける権利を享受できなければならないところ、彼らは自由に意見を表明して良いものでものであるところ、そのような見解は、彼らの年齢と成熟度に応じて、それらに関係する問題について考慮に入れられなければならないところ、

I．両親は子育てと子どもの成長の主たる責任者であるところ、加盟国は、両方の親が子育てと子どもの成長に共通の責任を負うという原理原則が確実に認識されるために最善を尽くす義務があるところ、

J．日本での欧州連合市民である児童に関する処置は、子どもの最善の利益を第一に考慮されなければならないところ、

K．欧州連合市民である全ての児童には、彼らの為にならない場合を除き、恒常的に、彼らの両方の親と個人的な関係と直接的な接触機会を維持する権利があるところ、

L．加盟国は、司法審査の対象となる適格な当局が、然るべき法律および手続きに従って、子どもの最善の利益のためにそのような引き離しが必要であると決定した場合を除き、子どもが自分の意志

に反して親から引き離されないことを保証する義務があるところ、そのような決定が必要な場合とは、例えば親による子どもの虐待や遺棄を伴う場合、または両親が別居していて、子どもの居所に関して決定を下さなければならない場合など、特段の事情によるところ、

M．加盟国は、子どもの最善の利益に反する場合を除き、片方または両方の親から離れた子どもが、両方の親と個人的な関係と直接的な接触機会を維持する権利を尊重する義務があるところ、

N．子どもの迅速な返還を保証するために、1980年ハーグ条約のすべての加盟国は、条約の責任と義務に適合した国内法や措置を導入することを請け合わなければならないところ、

O．両親が異なる国に住んでいる子どもには、特例的な事情がある場合を除き、両方の親と個人的な関係と直接的な接触機会を維持する権利を持たせなければならないところ、

P．フランスのエマニュエル・マクロン大統領、イタリアのジュゼッペ・コンテ首相、ドイツのアンゲラ・メルケル首相がフランス、イタリア、ドイツの親たちを代表して日本の安倍晋三首相と話し合い、駐日欧州連合大使が実子誘拐に関する共同書簡を日本の法務大臣に送ったところ、

Q．2019年8月、子どもがもう一方の親に拉致された親から正式な苦情が国連人権理事会に申し立てられているところ、

R．子どもの権利に関する欧州議会調整官が、個別に親たちを支援し、欧州連合市民の実子誘拐、監護権、そして面会権に係る紛争に関わる特定の問題について、2018年10月の日本の法務大臣、2019年5月の駐欧州日本大使を含む日本の当局に対し問題提起してきたところ、

S．2020年3月6日には請願委員会が、2020年2月5日には子どもの権利に関する欧州議会調整官が、欧州委員会副大統領/欧州外務・安全保証政策上級代表（VP／HR）であるジュゼップ・ブレイに、1980年ハーグ条約とUNCRCに基づく日本の国際社会に対する義務を日EU戦略的パートナーシップ協定の一環として組織された次の合同会議の議題に含めるよう要求する書簡を送付したところ、

T．2020年1月31日、欧州連合は、日EU戦略的パートナーシップ協定に基づく第2回合同委員会会議において、日本に対し国内法の枠組みとその効果的な実施を改善することにより、以って司法の決定と、UNCRCおよび1980年ハーグ条約などの日本の国際公約の尊重を確保するよう求めた。また欧州連合は、子どもの最善の利益を確保し、親に与えられた訪問権を尊重する必要性を強調したところ、

U．2020年2月19～20日の会合の結果を受けて、請願委員会は欧州連合日本政府代表部宛てに書簡を送り、日本当局に対し、国際的な子の奪取の民事上の側面に関する国内法および国際法を遵守するよう要請したところ、

1．日本における実子誘拐と、関連する法律や司法決定が全国的に施行されていないという事実による結果として苦しんでいる子どもたちの状況について、懸念を表明する。日本にいる欧州連合市民の子どもたちが、自分たちの権利を守る国際協定の規定による保護を享受できなければならない

と勧告する。

2．欧州連合の戦略的パートナーたる日本が、子どもの拉致の件において国際法規を遵守する気がない様子である事に遺憾を表明し注目する。たとえば、１９８０年のハーグ条約に基づく子の返還に関する手続など、日本および関連国のその他の裁判所から言い渡された決定が日本で効果的に執行されるように、国の法的枠組みを改善する必要があると勧告する。

3．子どもたちのための人権原則は日本政府による国家的行動に依存しているという事実を強調する。多くの立法および非立法措置が、両方の親に対する子どもの権利を保護するために、ことさら必要であることを強調する。日本の当局に対し、実子誘拐被害親に裁判所が認めたふれあいと訪問権、およびそのような親が日本に居住する子どもたちとの有意義な接触を維持する権利について、効果的に執行するよう要請する。これらの決定は常に子どもの最善の利益を念頭に置いて行われるべきであることを強調する。

4．時間の経過が子どもにとって、また子どもと誘拐被害親の間の将来の関係に長期的な悪影響を及ぼす可能性があるため、子どもの誘拐事件は、迅速な対応が必要であることを強調する。

5．実子誘拐は、子どものウェルビーイングに害を及ぼすことがあるとともに、長期的に有害な影響を与えることがあるという事実を指摘する。子どもの誘拐は、子どもと誘拐被害親の両方にとって精神障害の問題をひき起こすことがあることを強調する。

6．１９８０年ハーグ条約の主たる目的の１つは、子どもの誘拐の直前の常居所たる国への迅速な返還を確実なものにするための手順を確立することにより、以って実子誘拐の有害な影響から子ども達を保護することであることを強調する。

7．子どもの権利に関する欧州議会調整官による支援とこの状況への取り組みへの彼女の関与を歓迎するとともに、引き続き彼女に請願委員会と協力して請願者が提起した事件に対処するよう要請する。

8．すべての児童保護の制度には、国境を越えた紛争の特異性を考慮に入れた、多国間の国境を越えた仕組みを導入する必要があると強調する。

9．ハーグ会議と連携して、国境を越えた家族紛争で両親に支援を提供できるようにするために、一般人にわかりやすい情報支援プラットフォームを確立することを提案する。(例：第三国における実子誘拐およびその他の子どもの権利に関する情報を含むオンライン司法情報サイトの完成)

10．離婚または別居の場合に日本のような国々で遭遇する可能性のある困難に関する警告を含む、第三国における家族法および子どもの権利に関して、信頼できる情報を欧州連合加盟国が市民に提供することを推奨する。

11．日・EU戦略的パートナーシップ協定の合同委員会を含む討論可能なあらゆる場面での、欧州委員会の献身的な問題提起を歓迎する。

12．戦略的パートナーシップ協定の一環として企画されたEUと日本の次回の会議の議題にこの問題を含めるよう欧州委員会副大統領／欧州外務・安全保証政策上級代表（VP／HR）に要請する。

日本の当局に対し、刑法および民法を適用するよう要請する。

13．１９８０年ハーグ条約に基づき、同条約第６条と第７条に規定される通り、中央当局が負う、子どもとの接触機会を維持できるように実子誘拐被害親を支援する義務などを、日本当局は確実に果たさせる義務がある旨を勧告する。

14．日本の当局は、領事関係に関するウィーン条約の規定を尊重し、ことさら、（例えば欧州連合加盟国籍の）子どもの最善の利益とその親の権利を危機から守る時の場合、加盟国の代表が領事の職務を遂行できるようにする義務がある旨を勧告する。

15．親のふれあいと訪問権を制限または完全に拒否することは、ＵＮＣＲＣの第９条に違反する行為であることを強調する。

16．欧州委員会と欧州理事会がＵＮＣＲＣ締約国の義務、特に、子どもの為にならない場合を除き、恒常的に、両方の親と個人的な関係と直接的な接触機会を維持する権利を強調するよう要請する。

17．この点に関して、日本の当局に対し、国の法制度に必要な変更を導入せよとの国際的な勧告に従い、親の関係が解消した後に分担または共同監護の可能性を導入し、以って国内法を国際公約と合致させるとともに、ふれあいと訪問権についてＵＮＣＲＣにおける日本国の義務を確実に反映させるよう勧告する。日本当局に対し、自ら批准したＵＮＣＲＣにおける約束を守るよう勧告する。

18．日本当局に対し、ＥＵとの協力を強化し、実子誘拐被害親に対して裁判所が認めたふれあいと訪問権を効果的に執行することが可能になるよう、欧州連合に対する協力を強化するよう勧告する。

19．欧州委員会に対し、各国内や欧州連合全域におけるすべての該当する利害関係者から国境を越えた調停について受け取った提案に特段の注意を払うよう勧告する。

20．児童保護に関するすべての国際法と、ことさら1980年ハーグ条約の要件を満たすために、欧州連合加盟国間および第三国との国際協力の強化を勧告する。

21．親との接触に関わる場合を含め、判決後の状況の適切な監視が極めて重要であることを強調する。欧州連合加盟国に対し、外務省および大使館のウェブサイトを通じて、日本国内における児童誘拐のリスクおよび本件に関する日本当局の素行について伝達するよう勧告する。

22．欧州理事会に対し、子どもの権利の促進と保護のための委員会指針に基づき、欧州連合加盟国で確立された国境を越えるような児童拉致への警報制度の間の協力を強化し、子どもに関わる警報制度につき欠如するものは設置について欧州委員会と協力すること、関連する国境を越えた拉致事件に対処する協力協定の結論を報告するよう勧告する。

23．児童保護に関する国際法に基づく義務を完全に履行するよう日本当局に圧力をかけるために、日本との二国間または多国間会議の全てにおいて議題にこの問題を含めるべく共同の取り組みを行う事を欧州連合加盟国に勧告する。

24．この決議を欧州理事会、欧州委員会、欧州連合加盟国の政府および議会、ならびに日本の政府および議会に発送するように欧州議会議長に指示する。

日本語翻訳者：伊達善信

and the rights of their parents (i.e. EU nationals) is at stake;

15. Emphasises that limiting or completely denying parents access and visiting rights runs counter to Article 9 of the UNCRC;

16. Requests that the Commission and the Council highlight the obligations of Parties to the UNCRC and in particular, the rights of children to maintain personal relationships and direct contact with both parents on a regular basis, unless it is contrary to the child's best interests;

17. Calls, in this respect, on the Japanese authorities to follow international recommendations to introduce the necessary changes to the country's legal system and put in place the possibility for shared or joint custody after the dissolution of the parents' relationship in order to bring their domestic laws into line with their international commitments, and to ensure that visiting and access rights reflect their obligations under the UNCRC; calls on the Japanese authorities to uphold their commitments to the UNCRC, which they ratified;

18. Calls on the Japanese authorities to better cooperate with the EU and to enable the effective enforcement of the access and visiting rights granted by court decisions to leftbehind parents;

19. Calls on the Commission to pay particular attention to the recommendations received on cross-border mediation by all relevant stakeholders at national and EU level;

20. Calls for increased international cooperation among the Member States and with third countries, so as to implement all international legislation concerning child protection and, particularly, the 1980 Hague Convention;

21. Stresses that proper monitoring of the post-judgment situation is pivotal, including when contact with parents is involved; calls on the Member States to communicate, via their foreign ministries and embassies' websites in Japan, the risk of child abduction in the country and about the behaviour of the Japanese authorities on this matter;

22. Calls on the Council to enhance cooperation between the child abduction alert systems with cross-border implications established in the Member States, to work with the Commission on setting up child alert mechanisms where they are missing, and to report on the conclusion of the relevant cooperation agreements dealing with cross-border abduction cases, on the basis of Commission Guidelines for the Promotion and Protection of the Rights of the Child;

23. Calls on the Member States to undertake joint efforts and include this issue on the agenda of all bilateral or multilateral meetings with Japan in order to put pressure on the Japanese authorities to implement fully their obligations under international legislation on child protection;

24. Instructs its President to forward this resolution to the Council, the European Commission, the governments and the parliaments of the Member States, and to the Government and Parliament of Japan.

※アンダーライン・四角囲は、寄稿者が付与

3. Highlights the fact that human rights principles for children are dependent on the national actions of the Japanese Government; stresses that a number of legislative and non-legislative measures are required to safeguard, inter alia, a child's right to both parents; urges the Japanese authorities to enforce effectively court decisions on access and visiting rights granted to left-behind parents and on the latter maintaining meaningful contact with their children who reside in Japan; stresses that these decisions are to always be taken with the child's best interests in mind;
4. Stresses that child abduction cases require swift handling as the passage of time can have long-term adverse consequences for the child and for the future relationship between the child and the left-behind parent;
5. Points out the fact that parental child abduction can harm a child's well-being and can have long-term harmful effects; stresses that child abduction can lead to problems of mental ill-health for both the child and the left-behind parent;
6. Underlines that one of the main objectives of the 1980 Hague Convention is to protect children from the harmful effects of parental child abduction by establishing procedures to ensure the child's prompt return to the state of habitual residence immediately before their abduction;
7. Welcomes the support given by the Parliament's Coordinator on Children's Rights and her involvement in addressing this situation, and asks her to continue working with the Committee on Petitions to address the cases raised by petitioners;
8. Insists that all child-protection systems should have transnational and cross-border mechanisms in place, which take into account the specificities of cross-border conflicts;
9. Suggests that a European citizen-friendly informational support platform be established so as to provide assistance to parents in cross-border family disputes, in conjunction with the Hague Conference (e.g. completion of the e-Justice portal with information on parental child abduction in third countries and on other children's rights);
10. Recommends that the Member States make reliable information available to their citizens regarding family law and children's rights in third countries, which include alerts on difficulties they may encounter in countries such as Japan in cases of divorce or separation;
11. Welcomes the Commission's commitment to raise the issue in every possible forum, including the Joint Committee of the EU-Japan Strategic Partnership Agreement;
12. Calls on the VP/HR to include this issue on the agenda of the next meeting organised as part of the Strategic Partnership Agreement between the EU and Japan; calls on the Japanese authorities to apply its penal and civil codes;
13. Recalls that, under the 1980 Hague Convention, the Japanese authorities are obliged to ensure that Central Authorities fulfil their obligations, as set out in its Article 6 and Article 7, which include assisting left-behind parents so that they may maintain contact with their children;
14. Recalls that the Japanese authorities are obliged to respect the provisions of the Vienna Convention on Consular Relations, so as to enable Member State representatives to fulfil their consular duties, particularly in cases when safeguarding the best interests of children

O. whereas a child whose parents reside in different states must have the right to maintain on a regular basis, save in exceptional circumstances, personal relations and direct contacts with both parents;

P. whereas French President Emmanuel Macron, Italian Prime Minister Giuseppe Conte and German Chancellor Angela Merkel spoke with Japanese Prime Minister Shinzo Abe on behalf of French, Italian and German parents, and the European Ambassadors to Japan sent a joint letter concerning parental abduction to the Japanese Minister for Justice;

Q. whereas in August 2019, a formal complaint was submitted to the UN Human Rights Council by parents whose children had been abducted by the other parent;

R. whereas Parliament's Coordinator on Children's Rights has been assisting individual parents and raising specific issues relating to parental child abduction and custody and access disputes involving EU nationals with the Japanese authorities since 2018, including the Japanese Minister for Justice in October 2018 and the Japanese Ambassador to the EU in May 2019;

S. whereas on 6 March 2020, the Committee on Petitions, and on 5 February 2020 Parliament's Coordinator on Children's Rights sent a letter to the Vice-President of the Commission / High Representative of the Union for Foreign Affairs and Security Policy (VP/HR), Josep Borrell, requesting that Japan's international obligations under the 1980 Hague Convention and the UNCRC be included on the agenda of the next joint meeting organised as part of the Strategic Partnership Agreement between the EU and Japan;

T. whereas on 31 January 2020, at the second joint committee meeting under the EU-Japan Strategic Partnership Agreement, the EU called on Japan to improve its domestic legal framework and its effective implementation so as to ensure the respect of judicial decisions and Japan's international commitments, such as the UNCRC and the 1980 Hague Convention; whereas the EU also insisted on the need to ensure the best interests of the child and to respect visiting rights granted to parents;

U. whereas following the outcome of its meeting of 19 - 20 February 2020, the Committee on Petitions sent a letter to the Mission of Japan to the European Union, in which it urged the Japanese authorities to comply with national and international legislation concerning children's rights and the civil aspects of international child abduction;

1. Expresses concern over the situation of children who are suffering as a result of a parental child abduction in Japan and over the fact that relevant laws and judicial decisions are not enforced everywhere; recalls that EU children in Japan must enjoy the protection provided for in the international agreements that safeguard their rights;

2. Notes with regret that Japan, as a strategic partner of the EU, does not appear to be complying with international rules in cases of child abduction; recalls that the country's legal framework should be improved so that, for instance, decisions handed down by the Japanese and other courts of relevant countries in procedures under the 1980 Hague Convention on the return of the child are enforced in Japan effectively;

B. whereas those petitions raised concerns over Japan's poor record in the enforcement of court decisions to return children under the 1980 Hague Convention proceedings and over the lack of means to enforce the access and visiting rights, thus preventing EU parents from maintaining a meaningful relationship with their children residing in Japan;

C. whereas the significant number of unsolved parental child abduction cases where one of the parents is an EU national and the other is a Japanese national is alarming;

D. whereas there is no possibility under Japanese law to obtain shared or joint custody; whereas it has been shown by different sources that child abduction is a severe form of child abuse;

E. whereas access or visiting rights of left-behind parents in Japan are severely limited or non-existent; F. whereas all Member States are Parties to the 1980 Hague Convention and the UNCRC;

G. whereas Japan acceded to the 1980 Hague Convention in 2014 and has been a Party to the UNCRC since 1994;

H. whereas children who are EU nationals and reside in Japan must enjoy the right to protection and care as is necessary for their well-being; whereas they may express their views freely; whereas such views must be taken into consideration on matters that concern them, in accordance with their age and maturity;

I. whereas parents have the primary responsibility for the upbringing and development of their child; whereas Parties are obliged to use their best efforts to ensure recognition of the principle that both parents have common responsibilities for the upbringing and development of their child;

J. whereas, in all actions relating to EU children in Japan, the child's best interests must be the primary consideration;

K. whereas every EU child in Japan must have the right to maintain, on a regular basis, a personal relationship and direct contact with both their parents, unless that is contrary to their interests;

L. whereas Parties are obliged to ensure that a child is not to be separated from their parents against their will, except when competent authorities subject to judicial review, determine in accordance with applicable law and procedures, that such separation is necessary for the best interests of the child; whereas such a determination may be necessary in a particular case such as one involving abuse or neglect of the child by the parents, or one where the parents are living separately and a decision must be made as to the child's place of residence;

M. whereas Parties are obliged to respect the right of a child who is separated from one or both parents to maintain personal relations and direct contact with both parents on a regular basis, except if this is contrary to the child's best interests;

N. whereas in order to secure the timely return of the child, all Parties to the 1980 Hague Convention must undertake to put in place domestic measures and legislation that are compatible with their treaty obligations and duties;

European Parliament
2019-2024

TEXTS ADOPTED

P9_TA-PROV(2020)0182

International and domestic parental abduction of EU children in Japan

European Parliament resolution of 8 July 2020 on the international and domestic parental abduction of EU children in Japan (2020/2621(RSP))

The European Parliament,

— having regard to Article 1 of the Universal Declaration of Human Rights,

— having regard to Article 9 of the United Nations Convention on the Rights of the Child (UNCRC) of 20 November 1989,

— having regard to the Hague Convention on the civil aspects of international child abduction of 25 October 1980 (hereinafter '1980 Hague Convention'),

— having regard to Article 2, Article 3(1), Article 3(5) and Article 3(6) of the Treaty on European Union (TEU),

— having regard to Article 24 of the Charter of Fundamental Rights of the European Union,

— having regard to the Vienna Convention on Consular Relations of 1963,

— having regard to the principles highlighted in its resolution of 28 April 2016 on safeguarding the best interests of the child across the EU on the basis of petitions addressed to the European Parliament ※1,

— having regard to the EU Guidelines on the Promotion and Protection of the Rights of the Child of 2017),

— having regard to the role and activities of the European Parliament Coordinator on Children's Rights, on the issue of parental child abduction and custody and access disputes involving children with EU citizenship in Japan,

— having regard to the deliberations of the Committee on Petitions during its meeting of 19-20 February 2020,

— having regard to Rule 227(2) of its Rules of Procedure,

A. whereas in its meeting of 19 February 2020, the Committee on Petitions discussed petitions 0594/2019, 0841/2019, 0842/2019 and 0843/2019 concerning parental child abduction and visiting rights involving couples of mixed nationality, where one partner is an EU national and the other Japanese;

※1 OJ C 66, 21.2.2018, p. 2.

私（はすみとしこ）は、作画の前にまず、詳細なキャラクターを設定します。
この本の漫画を描き始める前に設定したものが、上の絵です。

そうだ相談しよう！

はすみとしこ

北海道
配偶者や交際相手のことを
怖いと感じていませんか？
ひとりで悩まずに相談してください
あら？これ何かしら？
◆家を出る時に持ち出すとよいもの◆
◆現金
◆健康保険証またはそのコピー
◆運転免許証・パスポート（ビザ）などの身分証明書
◆マイナンバー通知カード
◆母子手帳・年金手帳・身体障害者手帳など
◆本人（子ども）名義の預金通帳と印鑑、キャッシュカード、生命保険証書
◆常備薬・処方箋
◆家の鍵
◆携帯電話
◆相談機関や知人等の電話番号リスト・住所録（居所が知られないよう）
◆衣類
◆子どもの教科書・玩具
◆調停、裁判、保護命令申立ての際に証拠となるもの（診断書、日記、写真、記録など）
発行　平成30年10月　北海道環境生活部くらし安全局道民生活課
（法務省人権啓発活動地方委託事業）
家を持ち出すと良いもの？
家を出る時に持ち出すと良いもの？
はは 大袈裟ねぇ～
でも 法務省が出してるカードだし 大丈夫よね…
うちの旦那の小言が気になるし 相談してみようかしら
ええと 中に書いてある場所に 電話すれば良いのよね…
発行　平成30年10月　北海道環境生活部くらし安全局道民生活課
（法務省人権啓発活動地方委託事業）
ジェンダーフリーNPO

ゴゴゴ…

！？

虚偽であっても
DVを主張
すれば大丈夫…

浮気がバレて…
親権を奪われ
そうなんです

お任せください

夫の小言が
気になり
まして…

ぅんまぁ
！

さあさ
よくぞ勇気を出して
相談に来て
くださいました！

ジェンダーフリーNPO
上田千津子

船田さん〜
2番に
お入りください

は
い！

ドン！！

パートナーは
機嫌が悪く
なると
所作が
荒くなる？

まぁ危険！直接DVに発展する
恐れがあります!!

それは
モラハラ
ですよ！

それにお子さんが
まだ小さいのに
パートに出ろだなんて
とんでもない！
これは経済的DVです!!

ビクッ

すぐ逃げないと大変危険です
離婚しましょう！
今離婚弁護士を呼んで参ります
井藤さん
2番へ来て頂戴！
キリッ
弁護士の井藤です
大丈夫
私どもの言う通りにすれば万事スムーズに事が運びます
もちろん親権も取れますよ
でも私 急に離婚だなんて…
貴女とお子さんの身に危険が迫っているのです
グズグズしてると相手方に親権を奪われかねません
一生お子さんに会えなくなりますよ！
そんな…
さぁさ その
カードの裏表紙に書いてあるリストの物を取りにお宅へ行きましょう
特にお子さんの物はお忘れなく！
ホッ
ホッ
ホッ
ホッ
ホッ
怪しいわ…でも
国が発行しているカードの通りなんだから大丈夫か
……

その後ジェンダーフリーNPOと離婚弁護士によってあれよあれよと転がされ私は「DV被害者」になり夫と離婚する事になりました
今は支援措置を受け生活保護を受給しながら公営住宅に住んでいます
新しい夫は本当のDV男で娘を毎日虐待しています
私は前夫が娘を取り返しに来るのではないかと毎日気が気ではありません
こんな事なら離婚しなければ良かった！ジェンダーフリーNPOや離婚弁護士の言いなりにならなきゃ良かった！
あんなカードを手に入れるんじゃなかった！
国が発行しているからといって安易に信用しなければ良かったのです
それにしても国はどうして家族破壊を推し進めているこの悪事に加担しているのでしょうか
国が首謀しているのでしょうか…
それともただ単に国は悪徳NPOや離婚弁護士に利用されているだけなのでしょうか…
◆家を出る時に持ち出すとよいもの◆
◆現金
◆健康保険証またはそのコピー
◆運転免許証・パスポート（ビザ）などの身分証明書
◆マイナンバー通知カード
◆母子手帳・年金手帳・身体障害者手帳など
◆本人（子ども）名義の預金通帳と印鑑、キャッシュカード、生命保険証書
◆常備薬・処方箋
◆家の鍵
◆携帯電話
◆相談機関や知人等の電話番号リスト・住所録（居所が知られないよう）
◆衣類
◆子どもの教科書・玩具
◆調停、裁判、保護命令申立ての際に証拠となるもの（診断書、日記、写真、記録など）
北海道
配偶者や交際相手のことを怖いと感じていませんか？
ひとりで悩まずに相談してください
終

そうだ 駆け込みしよう！

はすみとしこ

よーし
出来た！
みんなー
ごはんだよ！
ズラッ
ほら
歩美も！
は～い
パパ！
幼稚園で
家族の絵を
描いたよ！
トテトテ
おお～
どれどれ
あれ？
この絵
ママがいない
んじゃない？
ああ！

ちょっと！なんで私だけ描いてないのよ！
だってママいっつも寝てばっかなんだもん
忘れちゃったよ
そんな事よりパパ 今度の休みどこ行く？僕 またお風呂屋さんがいいな！
……
ハハハ…広太は子どもなのにサウナが好きだなぁ！
ドン！！
ビクッ
歩美…なに怒ってるんだよ…
もういい！お風呂入って寝る！
ごめんお風呂まだ沸かしてないんだ…
じゃあもう寝る！
ダッ

バッタン
タプタプ
ひどい ひどい！ 広太は和幸に ばっか懐いて…… 広太を 産んだのは 私なのに!!
ブブ、、
私だけのけ者 ひどくない!?
ドン引きw 何でも相談に 乗るよ 明日そっち 行ってもいい？
本当にひどい 話だよねー
慰めてくれるの 隆だけだよー
じゃあまた 連絡するね
歩美… あの人誰？
ギクッ
た…
ただの セールスよ！
ギロッ

コ…コンビニ行ってくる！
ダッ
見られたまずいわ……
寝室も片付けてないし…
ギギ…
離婚される…
多分だけど
どうしよう
私 仕事してないし
ズボラグータラで家事育児を全然やってこなかったから
広太は和幸の方に完全に懐いちゃってるし…
ギギ…
ギギ…
このままじゃ間違いなく親権は父親に持って行かれるわ
……どうにかしなきゃ
……どうすればいい……!?
ギギ
ギギ
990円になります

!?
ハッ！
せ…千円で…
コンビニか…落ちつけ私！
ゴゴ…
?
DV相談
ご自由にお持ち帰り下さい
ゴゴゴ
女性の人権…
!!
これだわ…！
からの暴力相談
◆DV被害男性は、右記の電話でも相談できます
警察各方面本部警察相談センター
TEL #9110
24時間対応（相談専用）
駆け込みシェルター…?
これにすがるしかない…!!
ゴゴゴ

井上さん～
1番へどうぞ～
さぁさ よくぞ勇気を出して相談に来て下さいました！
大丈夫 私どもの言う通りにすれば万事スムーズに事が運びます
もちろん親権も取れますよ！
バアーン！
終

おわりに

はすみとしこ

私がこの実子誘拐問題に関わったのは2017年の終わり頃だったと記憶している。私は普段風刺漫画を描いているが、その活動の仲間であるテキサス親父日本事務局長藤木俊一氏が実子誘拐問題の当事者数名と会い、その被害の聞き取りをしたと言ってきた。私は当初「奥さんが子どもを連れて黙って蒸発するなど、昔からある事ではないか」と話半分であった。しかし話をよくよく聞いてみると法の抜け穴や、行政の怠慢を巧みに利用した冤罪DV、怪しげな離婚弁護士、女性NPO、女性支援施設の介入による事態の混乱がある事を理解した。

私は清掃員や警備員などのフリーアルバイターから看護師までを経験し、私自身も障害を負い、通常では出会わないだろう様々なジャンルの人達と関わってきた。それ故かメディアや社会的に大々的に取り上げられる「弱者・被害者」の中には一部「偽物」が混じっている事があり、私は経験と直感で彼らが本物か偽物かを見抜く事が出来る。

偽物の弱者や被害者を担ぎ上げて、又はでっち上げて、お金儲けをしたり、自分が傾倒するイデオロギーに利用するのは特定思想の常套手段である。許せないのは本物の弱者や被害者を貶める行為だ。偽物の存在は本物の存在を疑わしいものにする。偽物が闊歩する世の中においては、本物の弱者や被害者は、まず自分が本物である事を証明しなければならない。

ところでこの実子誘拐問題を根本的に解決するには親権制度は実は関係がなく、必要なのは直ちに女性暴力被害の冤罪をなくす事だ。読者の皆さんは記憶に新しいと思うが、杉田水脈衆議院議員による「女性は嘘をつく」発言は実はこの実子誘拐問題にも深く関わる提言であった。杉田議員は韓国の慰安婦問題において、元慰安婦を自称するおばあさんを支援する民間団体「挺対協（＝韓国挺身隊問題対策協議の略。今は正義連（略称）と名前を改めている）」の元代表である尹《ユン》美《ミ》香《ヒャン》が、おばあさんの為の国のお金を横領し何軒も豪邸を建てたりといくつもの容疑で告訴されている事例を挙げ、「こういう女性は（自分の利益の為に）いくらでも嘘をつく」「男女共同参画の予算を増やし、民間団体に丸投げするのには疑問がある」「女性暴力被害は警察の介入を強めるべき」と提言したのだ。まさしく杉田議員のこの提言は、実子誘拐問題の根本解決に繋がる一言だ。

「こういう女性は」と限定しなくとも、自分の利益の為ならばいくらでも嘘をつく人間は数多い。特に近年のグローバル化に伴い、外国の常識も加わってきて、日本人は昔ほど正直ではなくなってしまった。今こそ法概念を性善説から性悪説に変える時だ。この問題はまずは警察を介入させるべきなのである。何故ならば実子誘拐問題は、連れ去る側の虚偽から始まっているのだから。

最後に、度重なる遅延にも関わらず快く寄稿して下さった諸先生方、編集に際し適切なアドバイスを下さった藤木俊一氏、そして出版の機会を与えて下さった株式会社ワニ・プラスの佐藤寿彦氏に深く感謝し、御礼申し上げます。

皇紀２６８０年（令和2年）10月吉日

はすみとしこ

◎ **杉山程彦**（すぎやま・みちひこ）

昭和49年6月19日、名古屋市生まれ。平成17年、司法試験合格。平成20年1月より弁護士登録。平成20年10月 横粂勝仁弁護士が開設したプレミア法律事務所に入所する。 現在弁護士単独で同所を経営している。平成23年4月 妻子と別居。家事司法が激烈に狂っている事を知る。以降、別居親当事者団体と関わるようになる。平成26年1月、奇跡的に妻と子どもが帰ってくる。それからは離婚事件別居親の代理人の仕事が増え、ライフワークとなる。

◎ **中野浩和**（なかの・ひろかず）

弁護士・弁理士（知財専門）。連れ去られ当事者。フリーランスのプログラマーから弁護士に転職。2011年に弁護士登録。子の連れ去り問題を知らずにいたところ、子を配偶者に連れ去られ、全力で法的措置を取ったが、成果は得られなかった。藤木俊一氏や、海外の当事者団体との協力体制を築き、子の連れ去り反対運動をしている。

◎ **はすみとしこ**

ホワイトプロパガンダ漫画家。2015年、偽装難民の風刺画『そうだ 難民しよう!』（青林堂）を発表。「シリア難民に最悪のリアクションをした7人」第2位（第1位はトランプ米国大統領）に。2016年、ジュネーブにて国連人権理事会を取材。2017年、実子誘拐（子どもの連れ去り）問題を取材。著書に『そうだ 難民しよう！』『それでも反日してみたい』（青林堂）、『面白いけど笑ってはいけない―国民の敵はここにいる』（ビジネス社）がある。

◎ **藤木俊一**（ふじき・しゅんいち）

米国ケンタッキー州名誉大佐、テキサス親父日本事務局長、企業経営者、国際歴史論戦研究所（iRICH）上級研究員、グローバル教育研究所アドバイザー。米国テキサス州在住のトニー・マラーノ（通称：テキサス親父）とタッグを組み、氏の制作する動画に日本の視聴者向けに字幕を付け国内外でのファンを獲得。2014年より、年に複数回、国連の会合に出席し、日本の立場を伝える活動を続けている。著書に『我、国連でかく戦へり―テキサス親父日本事務局長、反日プロパガンダへのカウンター戦記』（ワニ・プラス）などがある。

◎ **ポール・トゥジャー**（Paul Touja）

フランスの当事者団体　Sauvons Nos Enfants Japan（仮訳：日本：我々の子どもを救え））代表。日本の実子誘拐問題の外国人被害者の支援をしている。2020年7月8日に欧州議会において採択された実子誘拐抗議決議のペティション（0594/2019）のペティショナー。親日家。

FB：www.facebook.com/sauvonsnosenfants.japon/

Twitter：https://twitter.com/RaptEnfantJapon

◎ **石垣秀之**（いしがき・ひでゆき）

1972年、山形県生まれ。公認心理師・臨床心理士・臨床発達心理士・行政書士・鍼灸師。1998年心理臨床開始。東日本大震災後カウンセリングオフィスを開設し、各種被害者支援の他、面会交流や監護者指定にかかる意見書作成業務を開始する。加害者臨床にも力を入れ、乳幼児健診経験も有し、子どもの最善の利益のための支援を行う。2018年、国連児童の権利条約委員会に対し、日本国内における共同養育の必要性について意見書を提出。

◎ **上野晃**（うえの・あきら）

神奈川県出身。早稲田大学卒。2007年に弁護士登録。弁護士法人日本橋さくら法律事務所代表弁護士。夫婦の別れを親子の別れとさせてはならないとの思いから離別親子の交流促進に取り組む。賃貸不動産オーナー対象のセミナー講師を務めるほか、共著に『離婚と面会交流』（金剛出版）、『弁護士からの提言 債権法改正を考える』（第一法規）、監修 として『いちばんわかりやすい相続・贈与の本』（成美堂出版）。那須塩原市子どもの権利委員会委員。

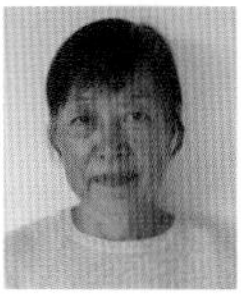

◎ **エドワーズ博美**（えどわーず・ひろみ）

昭和29年、山口県生まれ。メリーランド大学アジア学部卒業。同大学院心理カウンセリング修士課程卒業。アメリカ心理学会会員。メリーランド大学講師。「世界紳士録」教育者欄に名前記載。訳書に家庭政策についてのシンクタンクであるアメリカ価値研究所が編纂した『独身者は損をしている一財産を築き、健康を維持し、子供の非行を防ぐ家族という仕組み』（明成社）。日本協議会、日本青年協議会発行「祖国と青年」に家族再生のための記事多数掲載。アムステルダムとマドリッドにおける「世界家族会議」に参加。

◎ **ケント・ギルバート**（Kent Sidney Gilbert））

米国カリフォルニア州弁護士、タレント、著述家、評論家、㈱青山エージェンシー 代表取締役、㈱NR2 代表取締役。1983年、テレビ番組「世界まるごとHOWマッチ」にレギュラー出演し、一躍人気タレントとなる。その後、数多くのテレビ及びラジオ番組、CMに出演。著書は、『愛し方愛され方』（ワニブックス）、『素晴らしい国日本に告ぐ』（青林堂　テキサス親父との共著）、『日弁連という病』（育鵬社　北村晴男弁護士との共著）、『世界は強い日本を望んでいる』（ワニブックス）など多数。

◎ **古賀礼子**（こが・れいこ）

弁護士。2013年弁護士登録後、子育て世代の離婚事件を多く扱う中で、子どもの未来を考えた解決を心がけている。中学生男児と幼稚園女児男児がいる3児の母。離婚後子育て応援弁護士としての発信活動を通して、離婚後の子育て環境を整える仕組みに関心を持って研究している。親の離婚で子どもを泣かせたくない。子連れ離婚経験があり、養育費や面会交流の実践に伴うあれこれについて語り合う場の提供など、共同養育文化を開拓している。

実子誘拐

「子供の連れ去り問題」――日本は世界から拉致大国と呼ばれている

2020年12月10日　初版発行

編著者　はすみとしこ
発行者　佐藤俊彦
発行所　株式会社ワニ・プラス
〒150-8482
東京都渋谷区恵比寿4-4-9 えびす大黑ビル7F
電話　03-5449-2171（編集）

発売元　株式会社ワニブックス
〒150-8482
東京都渋谷区恵比寿4-4-9 えびす大黑ビル
電話　03-5449-2711（代表）

装丁　新 昭彦（TwoFish）
DTP　ビュロー平林
印刷・製本所　シナノ書籍印刷株式会社

ISBN 978-4-8470-9988-5
ワニブックスHP　https://www.wani.co.jp